杉田玄白評論集

片桐一男 著

勉誠出版

はじめに

「蘭学」創始の一人・杉田玄白の病歿は文化十四年（一八一七）四月十五日である。二〇一七年は、その歿後二百年に当たる。そこで、筆者が代表を務める洋学史研究会では六月の研究大会を「杉田玄白歿後二百年、その後の蘭学界」と題して開催することが決定した。これに協賛の意を表明しようと思いたち、杉田玄白の評論作品をまとめてみようと思った次第である。

オランダの解剖書『ターヘル・アナトミア』を解読するための会読に努め、その成果『解体新書』を公刊するまでの杉田玄白は、オランダ語を初歩から学び初め、オランダ語の訳出に打ち込む書斎に坐す学究の徒であった。しかし、刊行後の玄白は、その態度をがらりと変えた。

鳴りやまぬ漢方医たちの攻勢に、周りの医師たちの妬《ねた》みに対抗しなければならなかった。創出した新学問「蘭学」が世間に堅実な歩を築いてゆくために、そして家学を維持・発展させていくために、世間に目を向け、世界

図1　杉田玄白像
（早稲田大学図書館蔵）

の進運のなかで日本の進路を熟考する必要に迫られ、決断と行動の人となっていった。置かれた時代の置かれた社会環境にあって、広範囲にわたる評論活動を展開していったのである。

『狂医の言』や『形影夜話』といった医論はすでに知られている。そこで、本書においては、医論以外に多岐にわたって展開された玄白の評論のうち、従来あまり知られていない作品を中心にまとめてみようと思いたったのである。

玄白の心を読み取れないであろうかと、長年、玄白の評論作品をあつめてきた。幸いにして、いくつかの作品を見付けたり、他に見られない評論作品も入手するにいたった。そこでこの機会に、現代語訳と短い解題を付けて、公開に踏み切った次第である。

内容は社会経済、風俗に対する批判や北方問題に関わるものから自慢話まで様々である。

玄白の文は、淡々として平明である。しかし、独特の格調を備えていると思う。原文を味読していただけたら幸いである。

玄白は、論を進めるに当たり、随所で古典や諺・格言などを引用し、歴史的事実を引き合いに出し、自己の体験したことも率直に披露して評論を展開している。それらが、効果を発揮し説得的である。なかなかの話術家であると思う。

とりあげた人・物・事件・国などの対象に対する、

・理解の仕方
・交渉の仕方
・対策のたて方

が実にたくみで味がある。
混迷する世界に生きる現代人にとって、玄白の言や玄白の手法にヒントを得られる点は少なくないと確信している。

杉田玄白歿後二百年を明年に迎える十二月二十六日

片桐一男

目次

二　解題

附録

杉田玄白評論集

底本

一　『鶴亀の夢』、片桐一男蔵、複製本。
二　『玉味噌』、慶応義塾大学信濃町メディアセンター（北里記念医学図書館）の写本。
三　『野叟独語』、片桐一男蔵、写本。
四　『犬解嘲』、財団法人東洋文庫の藤井文庫写本。
五　『蝌穴談』、片桐一男蔵、写本。
六　『耄耋独語』、慶応義塾大学信濃町メディアセンター（北里記念医学図書館）の写本。

一　杉田玄白評論

○原文覆刻に当たっての凡例

一、上段に原文、下段に現代語訳を配した。
二、変体仮名は平仮名に改めた。
三、句読点を附してみた。
四、闕字は原文通り一字あきに、平出は二字あきに処理した。
五、語句に（　）付で解説を加えたところがある。
六、その他一切を原文に忠実なるを旨とした。
七、印記や附記は、そのまま記して、作品の来歴考察の一助とした。

一　鶴龜之夢

神無月の晦日ハかんむかへとていつも嵐はけしく物さはかしき日なり今宵ハやうかはり雨しめやかに降て小春の名殘もおしまれける折しも何にかあらん物の音ほのかに聞ゆ是そかへります神〳〵の御物語ならん我子うまこの妹脊いかゝ結置給ひしと覺束なくさしのそけハ其事に

一　鶴亀の夢（学者仲間や世人に対する鋭い風刺）

陰暦の十月はむかしから、あらゆる神々が出雲に集まり、在所を留守にすると伝えられるところから、神《かむ》無月《なづき》の名がある。神々はそこで一ヵ月のあいだ、縁結びの相談をするのだといわれ、良縁を願う男女は自分たちの氏神迎えといって、風雨の激しいのが常である。ところが、今宵は小春日和のなごりを残して小雨がしとしとと降っている。その折しも、何か物音が聞こえハあらて翁か常に愛する文房等が酒盛するにそありける紫斑の硯ハ主と覺しくて眞中に坐したり土器しは〱めくりたるへしくさ〱の筆ともよりして唐焼の糊入墨なといへるものハいといたく酔倒れあるハしとけなくかたより臥けるもあり、それかなかに獨紫銅の筆架首さしのへて我ハこと國趙（隋）宋の代にあたりて西湖といふ所にあとをかくせし林和靖といへる先生に仕し鶴なり先生の仙人と化し給ひし後ハ心のまゝに飛かけり四百餘州の名たかき山〱の花をなかめきよき流にうつる紅葉をも見つくしつれハ又此國の富士の雪湖水の月をも見置んと近き頃此土にわたり來て侍るなり若〱しき人〱ハ昔物かたり聞召たくやおほすらん凡千年より後のこと何ニもあれ問せ給へかたりまひらすへしとほこらしけにいふ一坐にまとゐせしものけうとけ

る。さては、立ち帰った神々が話し合いでもしているのであろうか。わが孫・娘たちの縁はどんなふうに結び給うたのであろうか、と。夢うつつのうちにも、耳をそばだて、そっとのぞき込んだら、こはいかに、神々の話し声ではなくて、書斎で日頃わが愛用の文房具どもが酒盛りの真っ最中。

紫斑《しはん》の硯がその場の主人公らしく、真ん中に坐り、盃も大部廻ったらしく、大小の筆どもをはじめとして、唐焼の糊の入れ物や墨は、すっかり酔っぱらって寝崩れたり、しどけなくもたれかかっているものもある。

その中でも、紫銅製の鶴の筆架が長い首をさしのべて、「自分は宋代に、西湖で姿を隠した有名な詩人林《りん》和靖《なせい》という先生に仕えていた鶴である。先生が仙人と化してのちは心のままに飛びめぐり、四百余州の名山の花々をはじめ、渓流にうつる紅葉の絶景などあちこちの名所を見尽くしたので、日本の富士の雪景色や湖水に映る月影をも見置かんものと、近頃来朝した。若々しき皆さん方よ、昔物語りをお聞きなされたくば、千

に打驚て何のいらへもせさりしに脊くまりて翁さひたるもの一筋の尾を曳つゝはひ出我ハ此國に生れ浦嶋かつりはりをものかれしとろ龜の文鎮也本より陸をも水をも住家となせハ我國はかりかそと國まていたり見さる隈〳〵もなし此ニてハ地神五代かしこにてハ三皇五帝の御代よりして今の時に至るまて見もし聞もし侍るなりおことか遠つおやの代〳〵の事十継まてハ能知りて侍そかし年ハ一萬歳の月日を重たりわつか千年の其間何ことかハ珍らからんさるを何かしたりかほにの給ふとからひたるこはねしていとなめけに嘲りたり、鶴ハ是を聞よりも胸の火いたくもえけるにやめのあたり打赤めはちらひたるけはひなり此あらそひをもとかしとやおもひけん五色の羽ねひらめかし筆洗の蝶躍出て方〳〵ハなとせんなき事あらそひ給ふそ千代萬代重た

年来の出来事ならば何なりとお話し申しましょう」と誇らしげにいえば、うたた寝していた一座のものは驚いて何とも言葉がない。

そこへ、背も丸まって、いかにも年月を経たような一筋の尾を引きずって、這い出した亀の文鎮が、「わしは此の国に生れ、浦島の子が助けてくれた亀の文鎮である。もとより陸も水も住家としているから、わが国ばかりか異国までいって、見ぬ所とてない。ここでは地神五代、あそこでは三皇五帝の昔よりして、よく知っておりますぞ。年は一万歳の年月を重ねておりますわい。わずか千年くらいのことを、なんで自慢げにいうことがありましょうか」と、声を荒げて、嘲《あざけ》りがましくねめつけた。

鶴はこれを聞くよりも、心中大いに恥じて、眼のふちを打ち赤らめてしまった。この口争いを、もどかしげに思った筆先《ひっせん》の蝶が五色の羽をひらめかして舞い出でて、「方々は、なんとつまらない争いごとをしておいでなさるか。千代万代歳を重ねたとて、過ぎ去った

りとて過にし事は何にかせん只きのふ見し夢の如しよし此するゑ幾年月をかさぬとも何かハかはり侍るへき我師と頼ミし眞人の周か胡蝶なるかこてふか周なるかとの給ひたりきとかしこけにことはりいへは鶴も龜ももろともに是をむへなりとや聞なしけん互ニゑみをふくみたるにかたへにうつくまれる水入なかき耳少し打振て何事か獨こつをきけハかれも是も出さきなることをの給ふものかなと秀句せしそいとをかしき是そけに癡人面前に夢を説なりけるといふへし。

過し世もくる世もおなし夢なれは
　けふの今こそ樂しかりけれ

享和二年壬戌春　應某需贈之　七十翁九幸
（花押）

右夢記一篇為先人九幸先生七旬時戯筆偶於遺篋

ことはどうしようもないではないか。ただ昨日みた夢のようなものではないか。さらにこれから幾年月を重ねたからとて、どう変わろうというものですか。」と荘周《そうしゅう》の故事まで引き合いに出して、利口ぶって理屈をいったので、鶴も亀も、なるほどもっともなことだと、互いに笑みを浮かべて和解した。

　そばにうづくまっていた水入の兎が、長い耳を打ち振って、何事か独り言をいうのをきけば、「どれもこれもつまらないことばかりいうものだ」と、洒落口《しゃれぐち》をたたいたのも一興である。

　これこそ、おろかなものが目の前で夢を説明しているというものであろう。

過し世も　くる世もおなじ　夢なれば
　けふの今こそ　楽しかりけれ

中護之當時博士紫公見款日玄白真奇才矣　此余所親聞者今茲壬辰余犬馬之齢亦及七旬親故来賀各有嘉貺想余不肖何以致之得無非先人之餘蔭邪則不能無感於著因浄書数通以贈来客并報其嘉貺云

天保三年壬辰秋八月　七十翁紫石杉田公勤識

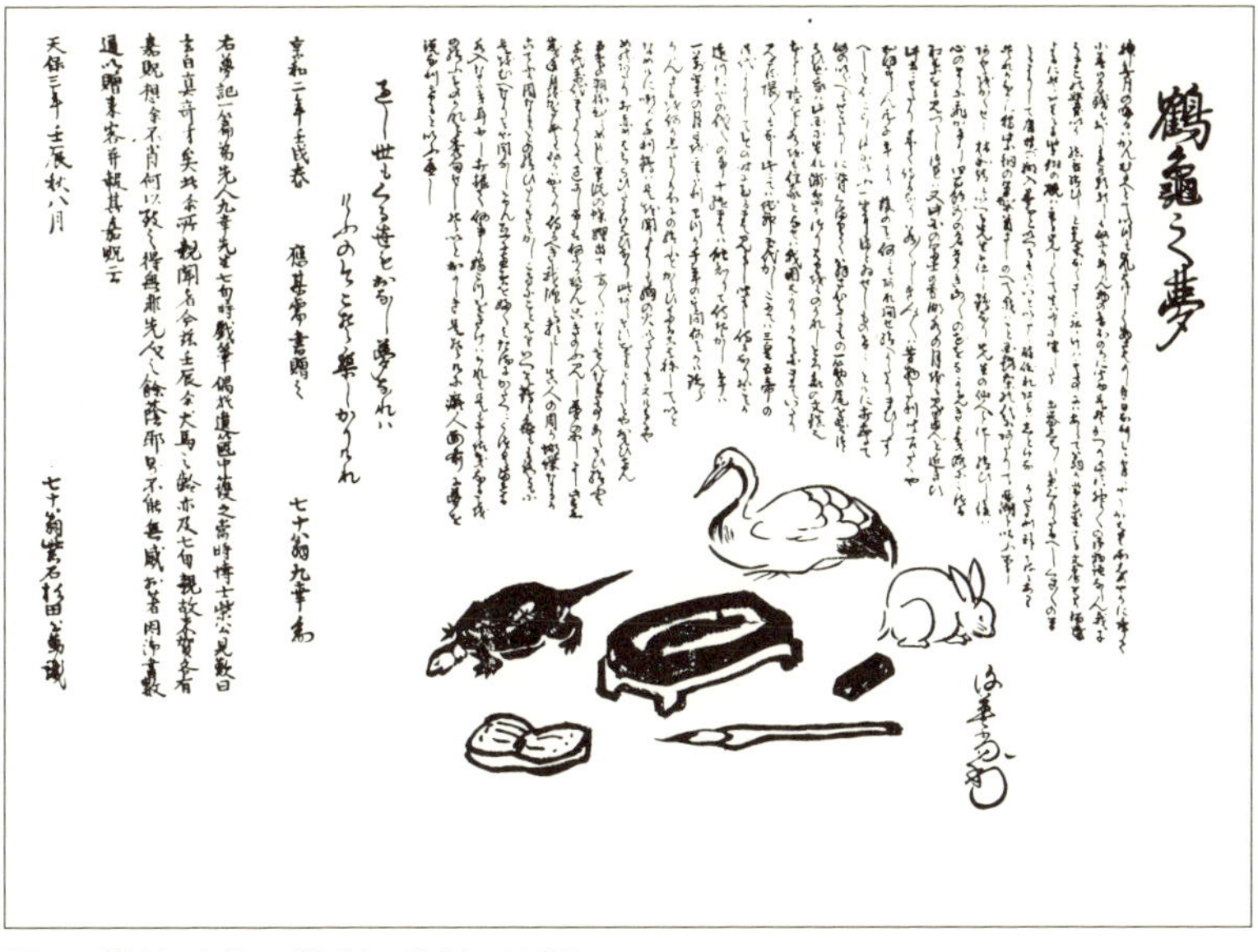

図２　『鶴亀之夢』（複製、片桐一男蔵）

二　玉味噌

九幸先生遺草玉味噌叙

嗚呼、人孰《いずれ》カ生キザラン哉。後《のち》孰カ死ナザラン哉。然ドモ生死ノ間、賢愚有リ。貧富有リ。壽《じゅ》夭《よう》有リ。其ノ齊《ひとし》カラザル也。固《もと》ヨリナリ。賢ト富ト壽トハ、則チ皆人ノ併《あわ》セ得ント欲スル所ニシテ、鮮《すく》ナヒカナ之《これ》ヲ得ルコト。九幸先生ノ如キハ斯ノ三ヲ併セ得ル者也。肇《はじめ》テ西學ヲ首唱シテ、名四海ニ播《あらわ》レ、上《かみ》は王侯ヨリ、下《しも》は衆庶ニ距《いたる》マデ、悉ク其ノ來蘇《らいそ》（仁者が来り、その徳によって再生の思いをすること）ヲ俟《ま》ツテ、又弟子ノ四方ヨリ來リテ塾ニ就ク者、其ノ記スル所幾《ほと》ンド三百、亦活人ノ賢ニアラザルヤ。起號《きごう》ノ功、王侯ノ賞スル所ニシテ、金帛《きんぱく》ノ外奇物珍器燦然トシテ庫《くら》ニ盈《み》テ。亦仁者ノ富ニアラザルヤ。今茲《ここ》ニ文化

二　玉味噌《たまみそ》（玄白晩年の自慢話）

九幸先生遺草玉味噌叙

嗚呼、人はいずれが生きるのであるか。のちいずれが死ぬのであろうか。ではあるけれども、生死の間に、賢愚が有る。貧富が有る。寿夭が有る。そのひとしくないことははじめからである。賢と富と寿とは、則ちみな人の併せて得たいと欲する所であって、わずかである、これを得ることは。九幸先生のごときはこの三つを併せ得る者である。はじめて西学を主唱して、名が四海にあらわれ、上《かみ》は王侯より、下《しも》は衆庶にいたるまで、ことごとくその来蘇《らいそ》（仁者が来り、その徳によって再生の思いをすること）を俟つ。また弟子が四方より来て塾に就く者、其の記す所はほとんど三百、また活人の賢でないはずがない。起号の功は王侯の賞する所であって、金帛の外奇物、珍器、燦然として庫《くら》に盈つ。また仁者の富でないはずがない。今ここに文化丁丑《ていちゅう》（文化

丁丑《ていちゅう》（文化十四年、一八一七）、享年八十有五、耳目聰明肢體益々壯ニシテ、孰レカ萬斯《（ママ）》年ト頌セザランヤ。豈ニ慮ラン此孟夏《もうか》（四月）十有七日、微《び》恙《よう》ヲ以テ終ラントハ。然ドモ其ノ啓予《けいよ》（臨終）ノ時ニ至ルマデ、神《しん》爽カニ言明ニシテ、遺訓懇悉《こんしつ》セリ。亦君子ノ壽ニアラザルカ。近ロ《ちかご》、余立卿《りっけい》ヲ倚盧《いろ》（父母の喪に服する間の仮住い）ニ尸《ス》。適々《たまたま》遺書ノ牀上ニ堆《たい》スルヲ見ル。盖《けだ》シ手澤ヲ檢校スル也。中ニ國字稿本玉味噌ト題スル者有リ。余其ノ戲レニ題スル所、亦果シテ蘭臭有ルコトヲ察ス。因《より》テコレヲ請《こう》テ懐ニシテ歸テコレヲ讀ムニ。初メニ其ノ志願ヲ立ツル所以《ゆえん》ト、其ノ榮達ヲ獲ル所以トヲ述べ、次ニシテ其ノ閒居、志ヲ樂ムル所以ヲ記シ。終ニシテ行箱《こうしょう》ノ圖ヲ載セ、且ツ悉ク其ノ内《おさむ》ル所ノ厨具《ちゅうぐ》二十九品ヲ録次シ、並ビニ曾《かつ》テ營構スル所ノ閒居ノ圖ヲ擧ゲ、亦悉ク其

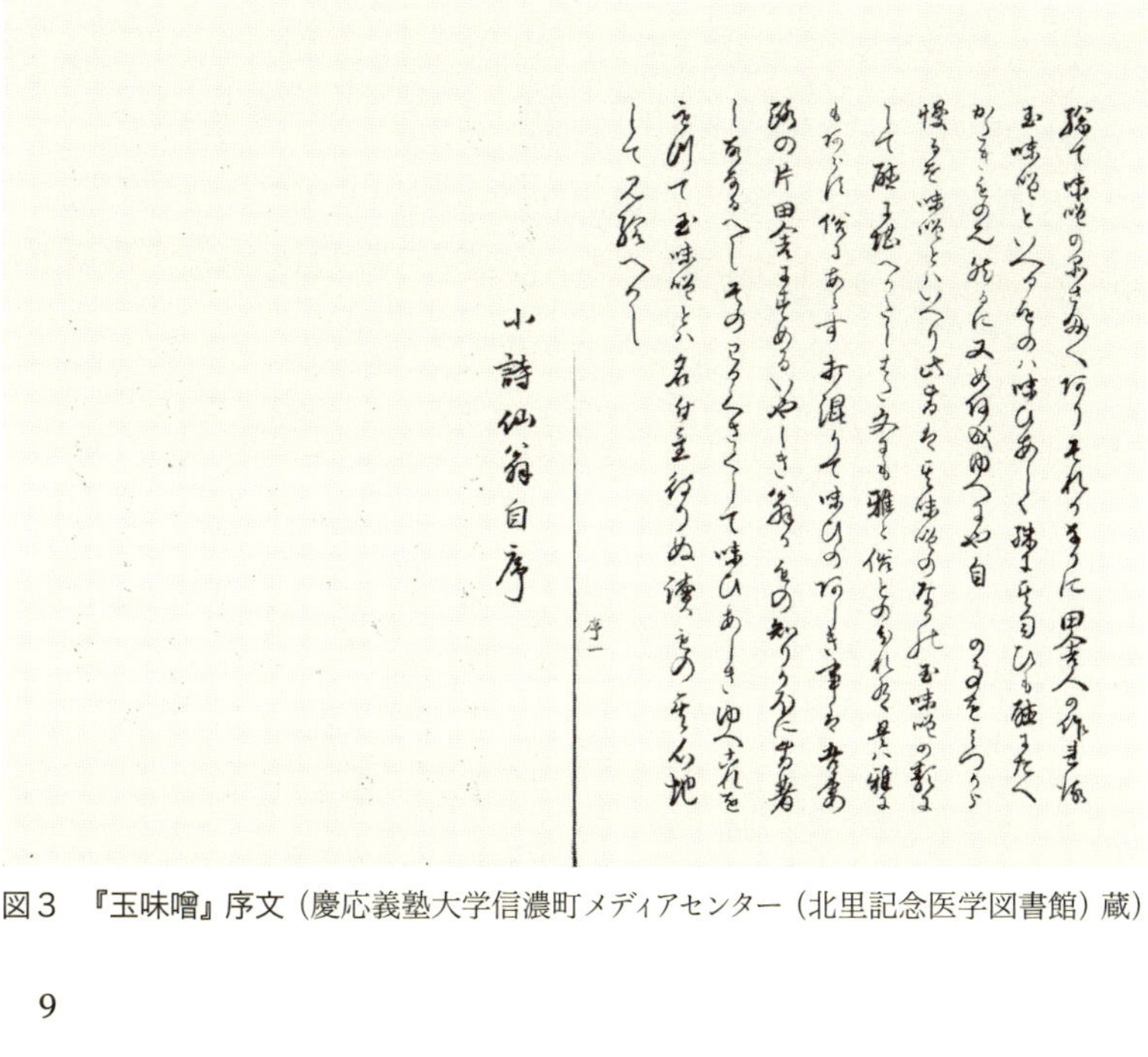

図3　『玉味噌』序文（慶応義塾大学信濃町メディアセンター（北里記念医学図書館）蔵）

ノ用具二十七品ヲ録次シテ、奴僕ノ食器マデニス。於乎《ああ》、亦何ゾ風流雅量ノ斯クノ如ク其レ優ナルヤ。先生、固《もと》ヨリ自ラヲ九幸ト號ス。豈ニ啻《ただ》ニ斯ノ三ヲ併セ得ルノミナランヤ。此編小ナリト雖モ、亦以テ人ヲシテ永ク九幸先生ノ九幸先生為《た》ル所以ヲ知ラシムルニ足ラン。余欽仰ノ餘リ聊《いささ》か鄙言ヲ巻首ニ題シ、且ツ帙ヲ手装シテ、以テ歸趙《きちょう》（物を人に返す）スト云フ爾《のみ》。

時ニ維《これ》文化十有四年龍次丁丑仲夏　五月二十有七日

江都　恵山岩松良碩義則拜

（原漢文）

総《すべ》て味噌の品さま〳〵あり。それかなかに田舎の人の作れる玉味噌といへるものハ、味ひあしく、殊に其匂ひも聴にたへかたきもの也。然

十四年、一八一七）、享年八十有五、耳目聰明、肢体益々壮にして、孰れか万斯年と頌しないわけにはいかない。どうして思いめぐらすことができようか。この孟夏（四月）十有七日、軽い病気で終らんとは。

　しかしながら、その啓予（臨終）のときに至るまで、神は爽《さわ》やかで言は明らかで、遺訓は懇ろに悉《ことごと》く尽くせるものであった。また、これは君子の寿といわなければならない。近ごろ、余は立卿を倚廬（父母の喪に服する間の仮住い）に（訪れ）、たまたま、遺書が牀上に堆かくおいてあるのを見つけた。まさしく、（玄白先生の）手沢本をたしかめてみることができた。そのなかに、和文で玉味噌と題したものがあった。余はその戯れに題したところ、また果して蘭臭の有ることを推察した。よって、これを請うて、懐にして帰ってこれを読んでみた。初めに、その志願を立てたことの所以と、その栄達を獲た所以を述べ、次に、その閒居、志を楽しむ所以を記している。終りに行箱の図を載せて、かつことごとく、その中におさめるところの厨具二十九品を

るに又如何成ゆへにや、自の事をみつから慢るを味噌とハいへり。此書は其味噌のなかの玉味噌の類にして、聴に堪へかたし。はた文にも雅と俗との分れ有。是は雅にもあらす、俗に（も）あらす、打混りて味ひのあしき事は、吾妻路の片田舎にすめるいやしき翁の、もの知りかほに書著し故なるへし。そのわるくさくして味ひあしきゆへ、これをもって玉味噌とは名付置侍りぬ。読もの其心地して見給へかし。

小詩仙翁自序

格古要論（明の曹昭撰、書画骨董について記し、鑑賞家に重んぜられる）といへる文に、高きミ山に住て捕へんとすれハ其人の命をうしなふ猛虎の皮も、望める時は得られ、数萬里隔りし海底に生（ずる）珊瑚珠も、望める時は必す得らるるハ、世上の

記録して、並びに、かつて営構した閒居の図を挙げ、また、ことごとく、その用具二十七品、その奴僕（召し使い）の食器までを記録している。また、どうして風流雅量のかくの如く、その優れていることか。先生は、もとよりご自身を九幸と号しておられた。どうして、なかなか、この三ツを併せ得るのみではない（どういおうか）。此の編は小さいものであるとはいえ、また、もって、人をして、永く九幸先生の九幸先生といわれる所以を知らせるに足るかと思われる。余は欽仰（仰き慕うこと）のあまり、いささか鄙言を巻首に題して、かつ、帙を手装して、もって帰趙（物を人に返す）するというのみである。時に維れ、文化十有四年龍次丁丑

仲夏　五月二十有七日

江都　恵山岩松良碩義則拝

（原漢文）

すべて味噌の品はさまざまある。そのなかに、田舎の人の作った玉味噌というものは味わいが悪く、こと

ならひといへり。翁は小国の醫家に生れし身なれは、元より高位高官望ハなし。しひて望たらハかなふましきにあらす。されと道にたかへる望なれハ、心にとめす、久しく我家の君に仕へ奉るにより、度々に禄加へ給ひて、今は貳百貳十石といふに至りぬ。祖先の時の二十口といふにくらふれハ、一倍には越たり。是は翁か分にハいかはかりか過たり。はた其　御恵みの厚きにより、饑寒のうれへも不知《しらず》、此身やすくぬれ（脱字アルカ）ハ、外ハ又なにの望か有へき。しかあれと、こゝに一つの望み事有。とても此世に生れ出し身の草木と友（共）に朽はてんハ口惜しく、また祖先より傳へし家の名乗を世にしられさらんは、本意なかるへし。抑《そもそも》、名を求るは盡ることなき慾の一ツなれとも、盡ることある宝を求るよりハ、其罪かるかるへし。是ゆへに、幼より心に深く

にその匂いも聴くに堪えがたいものである。しかるに、また、どうしたわけか、自らの事を、みずから自慢することを味噌というている。此の書は味噌のなかの玉味噌の類であって、聴くに堪えないものである。またまた、文には雅と俗との分かれがある。これは雅でもなく、俗でもない、打ち混ざってよくないものであることは、わが東国の片田舎に住んでいるいやしい翁が、もの知りがおに書き著したものであるから、そのわるくさくして、味わいのあしきものであるから、これをもって玉味噌とは名付け置くのである。読んでくださる方はそんな気持ちで見ていただきたく存じます。

小詩仙翁自序

「格古要論」（明の曹昭撰、書画骨董について記し、鑑賞家に重んぜられる）という文に、「高きみ山に住て捕へんとすれは其人の命をうしなふ猛虎の皮も、望める時は得られ、数萬里隔りし海底に生（ずる）珊瑚珠も、望める時は必す得らるるは、世上のならひ」（高いみ（御）山に住

ねんし、しはしも止時なし。其しるしにや、漸四十にちかき頃より、人々に名はしられたり。其後に至り、解體新書といふ書著述せしかハ、今迄唐、大和の内にてかゝる西洋の醫書飜譯せしためしなしとて、人々珍しきことにめてたまひ、故桂川法眼甫三君よりさきの　将軍家（十代徳川家治）へ献し奉り給りたり。又京にては翁の従弟吉村辰碩《しんせき》といへる男媒《なかだち》して、堂上の御方々へも其書一部ツヽ献し参らせたり。そのうちにて、近衛太政大臣（内前《うちさき》）、九條左大臣（尚實《ひさざね》）、廣橋准后《じゅごう》大納言家（兼胤《かねたね》）よりハ、目出度古歌共《ども》書て給りたり。また菅家の御末東坊條殿（綱忠カ）より、新に詩を賦して玉《たまわ》りたり。かゝる事ともありしにより、虚名なからも、したいにひろこり、東海道にては、伊勢、尾張、三河、遠江、甲斐、相模、上総、常陸、武蔵、安房十ケ国の

んで、捕えようとすると、その人の命を失なう猛虎の皮も、欲しいと望むときは得ることができ、数万里隔っている海底に生えている珊瑚珠も、欲しいと望むときは、かならず得ることができる）のは、世上のならい、といわれている。

翁は、小国の医家に生まれた身であるから、もとより高位高官を望むことはない。どうしても望んだならば叶わないことではない。ではあるけれども、道に違う望みであるから、そのようなことは心にとめないで、ずっと、我家の君に仕えていることによって、度々、加禄してくださり、現在は二百二十石取りとなっている。祖先のときの二十口というのにくらべてみると、一倍以上にもなっている。これは、翁の分には、どんなにか過ぎたことである。はたまた、その御恵みの厚きによって、饑寒のうれいも知らず、此の身が（生活しやすく）なっている。この外に、なんの望みがあるだろうか。

ではあるけれども、ここに一つの望み事が有る。とても、この世に生まれた身が草木と共に朽ちはててし

間にも、名をしたひ門に入もの廿六人有。東山道にては、美濃、信濃、上野、下野、陸奥、出羽、六ケ国のうちにて二十五人あり。北陸道にてハ、若狭、越前、越後、加賀、佐渡、六ケ国の内にて十八人あり。山陰道にては丹波、丹後、石見、三ケ国にて六人有。山陽道にてハ美作《みまさか》、備前、備後、三ケ国の内にて六人あり。南海道にては紀伊、阿波、讃岐、伊豫、四ケ国の内にて拾人あり。西海道にてハ豊前、豊後、肥前、肥後、日向、五ケ国にて十二人まてあり。さすか、畿内《きない》の土地ハ名醫多きゆへなるにや、山城国平安城（京都）より山中又玄《ゆうげん》といへる男只壹人、入門せり。此外に不幸にして早く死し、行《おこない》あしく其名を除棄たるもの、此かすにハ入す。かくあるにより、国々の太守より始、賤しき商人俳優の類ひ迠、日毎に治を請ひ、薬を求るもの其

まうのは口惜しく、また祖先より伝えてきた家の名乗りを忘れられてしまうのは本来の気持ちではない。そもそも、名を求めるのは尽きることのない慾の一つであるけれども、尽きることのある宝を求めるよりは、その罪は軽いのではないか。この理由で、幼より心に深くとどめて、わずかの間も思わなかったことはない。その印としては、ようやく四十にちかき頃より、人々に名は知られるようになった。その後にいたり、解体新書という書を著述したら、今迄、唐と大和の内でこのような西洋の医書を翻訳したことがない、ということで、人々から珍しいこととしてほめられ、故桂川法眼甫三君より、さきの将軍家（十代徳川家治）へ献じてもらった。また、京では従弟の吉村辰碩という男、媒《なかだち》をして、堂上の御方々へも、その書一部ずつ献じ参らせたことでした。そのうちで、近衛太政大臣（内前《うちさき》）、九条左大臣（尚実《ひさざね》）、広橋准后《じゅごう》大納言（兼胤《かねたね》）よりは、目出度い古歌どもを書いて下さいました。また菅家の御末東坊城殿（綱忠カ）より、新たに詩を賦していた

数多く、凡《およそ》一としに千人餘り二千人にも及《（および）》ぬへし。然ありと聞し召給ひけるや、前《さき》の久我《（こが）》内大臣殿（信通）より、其御内の辻信濃守（辻蘭室）といへる男して、阿蘭陀国の言葉ハ百千《鳥脱乎》（もず）の囀るやうなりと兼て聞し及《およば》せ《（ママ）》給へしも、今ハ其言葉の飜譯も出来、物の用にもたつよしなり、其事つぶさに傳へ参らせよと、御仰を下し給りたり。是により、かしこまり申奉りしハ、翁その片端をたに弁へす、いかて傳へ参らすへしと、かたくいなみ奉りしに、重て仰せを給りしハ、只己か覚へしまゝいさゝかなりとも申上参らせよと、又も仰下し給りたり。しかあるうへハ固く辞し参らすも恐れ多し、翁が学しやう、ありのまゝにつゝます申上奉るへしと、再ひかしこまり申奉りたり。されと百里の行程を隔《へだて》し御事なれハ、口授し奉らんやうハなし。只此書を以

だきました。

　こんなようなこともあって、虚名ながらも、しだいにひろがり、東海道では、伊勢、尾張、三河、遠江、甲斐、相模、上総、常陸、武蔵、安房十ヵ国の間にも、名をしたい、門に入るもの二十六人あり。東山道では、美濃、信濃、上野、下野、陸奥、出羽、六ヵ国のうちで二十五人あり。北陸道では、若狭、越前、越後、加賀、佐渡、六《（ママ）》ヵ国の内で、十八人あり、山陰道では丹波、丹後、石見、三ヵ国で六人あり、山陽道では美作《みまさか》、備前、備後、三ヵ国の内で六人あり、南海道では紀伊、阿波、讃岐、伊予、四ヵ国の内で十人あり、西海道では豊前、豊後、肥前、肥後、日向、五ヵ国で十二人までもある。さすがに、畿内の土地は名医が多いせいなのか、山城国平安城（京都）より山中又玄《ゆうげん》という男ただ一人が入門した。このほかに不幸にして早く死に、行《おこない》あしくその名を除き棄てたものは、此の数には入れていない。

てかくなし、彼の書を以てかくなし給へと、其あらましを申上奉りたり。此こといと深く喜せ給ひしよしなり。其後、内大臣殿御不例におはせしか、終に薨し給ひたり。今更思ひかへし奉れハ、涙の落る御事也。其御名残の品成とて、みつから可楽室と言ふ三字を書、鋳つけさせ給ひたる御茶釜を下し賜りたり。又、さいつ頃、當《とう》(今)禁(光格天皇)の御兄君、安楽心院の宮(公延入道親王、毘沙門堂の門跡)御方、御なやみおハせし時、御脉拝し奉れと御仰下りしにより、則、拝診し奉れり。重てその御事によりて、白銀を下し給ひたり。かゝる御賜、いかて空しく費すへきと思ひより、其先の年、翁か一男伯元といへるもの上京して大嘗會行るゝ時に逢ひ奉り、其御宮柱の残り木なりとて土産になしけるあり。是を貯へ置しゆへ、其木を以て醫の祖神少彦命の尊

このようであるので、国々の太守よりはじめ、賎しい商人・俳優の類いまで、日毎に治を請い、薬を求めるもの、その数多く、凡《およそ》、一年に千人余り二千人にも及んでいる。そんなであると耳にされたのであろうか、前《さき》の久我《こが》内大臣殿(信通)より、その御内の辻信濃守(辻蘭室)といえる男にして、阿蘭陀国の言葉は百千(舌カ)(もず)の囀《さえず》るようであると、兼て聞き及んでいるけれども、いまはその言葉の翻訳も出来、物の用にも立っているようだということである。その事を、具体的に伝えさせよと、仰せ下されたことである。これにより、かしこまりましたことは、翁はその片端さえも、わきまえず、どうにかして伝えたらよいかと、かたくお断りしたのであるが、重ねて仰せを給わった。このことは、ただ、自分が覚えただけの、わずかのことをも申し上げよと、またも仰せられたのである。かかるうえは固くお断り申すのも恐れ多いし、翁の学んだことを、ありのまま、つつみかくさず申し上げるべきであると、再び、お請け申し上げた。

像を彫刻し奉れり。是ハ朝夕に礼拝し、療治にあやまちなきやうに祈り参らすへきため也けり。今の御銀は其費用にそなしける。また去にし頃、当　将軍家（十一代家斉）の御父君、一ツ橋黄門（刑部卿《ぎょうぶきょう》治済）第五の君子久之助君と申奉る御方の御腫物おはせし時、是も拝診し奉るにより、同しく白銀給りたり。是ハ安田松仙（カ）といへる彫工にものし、かたつふりの小柄を彫て置候也。此度の白銀ハ其費用になしける也。かく、上は雲上、下は片田舎の人々迠、翁か名を知り、西ハ筑紫、東ハ外濱のはて〳〵より、笈《おい》を負、門に入、たより求て治を請ふ人常々にたえす。是そ幼より願ひたりし其名の盛りし故なるへし。殊に又、先つ頃、年賀を祝し参らせしかハ、我君を初奉り、御内の御方々、餘処の国守のうちの御方より、杖、盃、衣の類ひ数多く祝し給

しかしながら、百里の行程を隔てている事であるから、口授して差し上げる方法もない。ただ、この書で以てこのようにし、彼の書を以てこのようになし給えと、そのあらましを申し上げたことである。これをもって深くお喜びになった。その後、内大臣殿御不例（病んで）であったが、ついに死去したまった。今さら思いかえしてみると、涙の落ちる御事である。その御名残の品であるとして、みずから可楽室という三字を書き、鋳つけさせた御茶釜を下賜された。

また、先頃、当今（光格天皇）の御兄君である安楽心院の宮（公延入道親王、毘沙門堂の門跡）御方、御なやみのことがおありになったとき、御脉《みゃく》を診みようにと命があったので、すなわち、拝診し奉った。重ねてその御事によって、白銀を下し給われた。このような御賜、どうして空しく費すべきではないとの思いにより、その先の年に、翁が一男伯元という者が上京して大嘗会の行われる時に逢い、その御宮柱の残り木であるといって土産にしたものがあった。これを貯えておいたので、

りたり。是等皆誰々も賜ることの物なれハ、くた〱しくは書留す。中にも我　若君よりハ狩野永徳の三福神の圖画たる御掛物下し賜りたり。又、或時、我　若君召給ひ、先のとし沾御なやミかちにおハせしか、近き比ハ何の御いらへもおはしまさす、是は翁かひさ敷御側にこう《（候）》し給ひて、朝た夕へにいささか志を盡し參らせし故也と悦ひ給ふよしにて、内々黄金を下し賜ひたり。かゝるめてたき御代に生れ、ことに薬師の家にてハ不用の物との一つなれと、さすが武門に仕ふる身の具足一領持さるハ、心中のはち《（恥）》なる故、甲より脚當沾皆明珍が作にして、如好作らせたり。今の御黄金は其費用にそなしたりける。

又　北の御方も同しく悦せ給ふよしにして、是も黄金賜ひたり。元よりこのまぬ道なれとも、

その木を以て、医の祖神少彦《すくなひこな》命の尊像を彫刻した。これは朝夕に礼拝し、療治に過ちのないようにと、拝礼するためである。今回の御銀はその費用にそなえた。また、先き頃、当将軍家（十一代家斉）の御父君、一ツ橋黄門（刑部卿《ぎょうぶきょう》治済）第五の君子久之助君と申し奉る御方の御腫物が出来たとき、これも拝診し奉ったことにより、同じく白銀を給わった。是は安田松仙という彫工に注文して、かたつぶり（カタツムリ）の小柄《こつか》を彫って置いた。この度の白銀はその費用にしたことだった。

このように、上は雲上、下は片田舎の人びとまで、翁の名を知り、西は筑紫、東は外浜のはてはてより、笈を負い、門に入り、たより求めて治を請う人、常々にたえない。これこそ幼より願ってきたその名の盛んになった故であるかと思われる。殊にまた、先頃、年賀を祝して下さったのは、我が君をはじめ御内の方々、余処の国守のうちの方より、杖、盃、衣の類い数多く祝し給った。是らはみな誰々も賜ることの物であるか

折にふれ、月をも見、花をも見ん、そのために野山に遊ふ事あれハ、其時の用にとて茶箱一具買置ぬ。かゝる品々は、皆やんことなきかた〲の御恵のものなれハ、忘れぬために残し置、子孫に傳ふる宝とせり。其外書画翫品の類ひ、翁か好める品は、身に應したる程たらひたり。殊に男女五人、孫も男女五人までまうけたり。齢も七十に餘る沾生《いき》のひたれは、最早此世に望もなく、明日死したりとも残りおしき事ハ無《なき》身なれハ、遠からぬうちに世をのかれ、閑に隠れ住んと思ひよれハ、心もいとゝ楽しかるへきに、さハあらす、老てハいましむること慾（慾）にありと、聖人の教にたかはす、盡ることなきはよくにして、はつかしなからまたひとつの望ミ出来たれ（り）。成とならさるは天命なれと、陶九成（淵明）、蘇東坡かことく、世をのかれハかくやせんと思

ら、くたくだしくは書き留めない。なかでも、我が若君よりは狩野永徳の三福神の図画である御掛物を下賜された。また、ある時は、我　若君がお召しになり、先年までおなやみがちにいらっしゃったが、近頃は何の御いらいもない。是は翁が久しく御側に候して、朝に夕べにいささか志を尽してさしあげた故なりと、悦んでいられる由であって、内々黄金を下し賜った。

　このように、めでたい御代に生まれ、ことに薬師の家では不用の物の一つではあるが、さすがに武門に仕うる身で具足を一領も持たないのは、心の恥であるから、甲《かぶと》より脚当まで、みな明珍（有名な甲冑師）の作で、好みのごとく作らせた。今回の御黄金はその費用に供えたことである。

　また、北の方もおよろこびになったということで、これも黄金を賜った。もとより、好まない道ではあるが、折にふれ、月をも見、花をも見んと、そのために野山に遊ぶことがあるので、そのときの用にしようと茶箱一具を買い置いた。このような品々は、みなきわ

ひよりしを書置る文に倣、翁も隠居せハかく有たきと思ひよりてあらましことを、試に書記し見に、凡《およそ》昔の賢人の操固く隠れしやうハ学とも及まし。只、今の世人の隠居せし有さまをつく〳〵と思ひミるに、不幸にして世を逃れしと貧にして隠居せしハ、別の事にして、富て事足り、人もうらやむほとの隠居と言るゝものハ、世に有時の志にかはらす、力に應せしほとハ金銀を費し、家居こと〳〵敷造りなし、奇石をならへ、珍木を植、千金の古器をつらね、茶事と名付けて日毎に賓客を迎へ、長夜の飲をなし、又ハ囲碁、物の会なと言ふことを風流と心得、彼にハ優りぬと笑を含ミ、又是にハをとりしと心中にうれひ、閑にのかれんと思ひまうけし初のこゝろにたかひ、隠居して中々苦しミを求る人多し。翁も同しやうなるものなれハ、初より一筋に世

めて尊い方の御恵の物であるから、忘れないために残し置き、子孫に伝える宝とした。そのほか、書画翫品《がんぴん》の類、翁が好む品は身に応じた程はもらってある。殊に男女五人、孫も男女五人までもうけた。齢も七十に余るまで生き延びたので、最早、この世に望みもなく、明日死んでも残り惜しい事のない身であるから、遠からぬうちに世をのがれ、閑に隠れ住まんと思っているから、心もとくに楽しくあるべきなのに、そうでもなく、老いては、いましめるには欲もありと、聖人の教にたがわず、尽ることなきは、慾にして、恥かしながらまた一つの望みが出てきた。

成ると、成らざるは天命ではあるけれども、陶九成（淵明）、蘇東坡のごとく、世を逃れれば、このようにするだろうと、思ったこと書き置く文に倣《なら》って、翁も隠居したならば、このようにありたいと思うあらましのことを、試みに書き記してみると、およそ昔の賢人の操、固く隠れたようなことは学んでも及ばない。ただ、現在の、世人の隠居している有さまを手を尽して

を棄んとにハあらす。先の年いとなミ置し小詩仙堂を常の住居とさため置、其大サを法となし、かの長明の方丈の意にならひ、別に三谷（山谷）あたり野へちかき所に小家を作り、折々其所に罷り移りて住へき也。さあらは、小田打かへし、水十分にせき入て、早苗やう〳〵生出る比ハ、くろの垣根に卯の花咲初、灌佛に詣る貴賤のうちむれつゝ浅茅か原、千樹（住）なはて（畷）なと行かよふをミるへし。又、日和よき日ハ杖をひきて、はしは（橋場）のわたりをこえゆかハ、人もまれ〳〵にして、葉桜の青ミたるさまの春におくれたるそ、なかめよかるへし。五月雨のふりつゝく頃ハ、時鳥の一聲二聲鳴過る聞へて、餘所より如何あるへき。又、夜半にや暁にやと老の寝さめおほつかなき枕の元に、水鶏のたゝく音もきこへて、これもめつらしかるへし。六

みるに、不幸にして世を逃れたのと、貧しくて隠居したことは、前者で富んで事足り、人もうらやむほどの隠居といえるものは、世にあるときの志にかわらず、力に応せしほどは金銀を費し、家居を大げさに造り、奇石をならえ、珍木を植え、千金の古器をつらね、茶事と名付けて日毎に賓客を迎え、長夜の飲会をなし、また、囲碁、物の会などと言うことを風流と心得て、彼には優っていると笑みを含み、またこれには劣っているると、心中で憂い、閑に逃れようと思ってしてみるが、初めの心算とちがい、隠居してなかなか苦しみを求める人が多い。

翁も同じようなものであるから、初めよりは世を棄てようとするのではなく、先年、営んでいた小詩仙堂を常の住居と定め置き、その大きさをおきて（基準）として、かの長明（鴨長明）の方丈の意（方丈記に書いている気持）にならって、別に三谷（山谷）あたりの野へ近い所に小家を作り、折々その所に出かけ、住むべきであろうか。

月の暑き日も暮かゝり、軒ことにふすふり立る蚊やり火の烟り、田面の風に吹ちらし、待かねし螢の数多く飛ちかふを見ハ、是も又面白かるへし。又、鉄炮洲あたり海辺近き所にも小家を作り、これは向の嶋（佃島）住吉の社に御祓（夏越祓《なごしのはらえ》）せし跡の残りたるさま、わけて見所あるへし。魂祭る日ハ、父母のため生身魂祝ひ候ふとて、若き殿原に舟に棹さし、釣を垂れ、網をくたし、己かさま〳〵あらそひ罵も見渡さるへし。名月の比ハ、海か空かと見えわかぬかたハ漂洲に金波立、其中より眞帆追風にふかせて入来るは、月の中より出たるかと怪しまるへし。又、やみの夜ハ漁火もよかるへし。秋もやゝ更行ハ、東海寺、海安（晏）寺より濱の御殿の浦かけて、山々の紅葉のこきも薄きも、夕日に向ひてことになかめ深かるへし。神無月ハまた小

そのようであれば、小田を打ちかえし、水を十分に堰を設けて入れ、早苗がようやく生え出るころには、くろの垣根に卯の花が咲きはじめ、灌仏会に詣る貴賎が打ち群れつつ、浅茅が原、千住、畷《なわて》など、行きかよう様子をみるであろう。また、日和のよい日には杖をひいて、橋場の渡しを越えてゆけば、人もまれまれにして、葉桜の青みたる様の春のおくれたのを、眺めがよかろうと思われる。五月雨の降り続く頃は、時鳥が一声、二声鳴きながら過るのを聞いて、よそより、どんなであるか、また、夜半にか、暁にか、と老の寝覚めのおぼつかない枕元に、水を鶏のたたく音も聞こえて、これも珍しいことであろう。六月の暑い日も暮かかり、軒ばにふす、ふり立てる蚊やり火の烟り、田面《おも》の風に吹きちらし、待ちかねた螢の数多く飛び交《か》うのを見れば、是もまた面白かろう。

また、鉄砲州のあたり、海辺の近い所にも小家を作り、これは向《むかい》の佃島住吉の社に夏越の祓をした跡の残った様を特別に見る所があると思われる。魂祭る日は、

春とて、空も長閑なるもの也。さある日は、小舟かり向の岸に上り、洲崎十万坪あたりを歩行し、霜に残りしたでの花、嫁菜はな、うちましりてしほれかちになる中に、立出たる尾花のすゑに百鳥(百舌)の一聲鳴たるは、殊にあはれなるへし。此月の末つころより、風もひやゝかに身にしめハ、かの小詩仙堂に帰り、近きあたり俳優の入替して、新しき歌舞伎のはれ〳〵と時めくを見るへし。是そ昔し今の移りかハるも見えて、老の嘆き深かるへし。又、夜は埋火に向ひ、昼はひなたに背中あふり、古き文なとミて、見ぬ世の人を友とし、倦ハをさなき孫ともを集め、まさなことの相手して、たはふれ遊ひなハ、一入の楽みなるへし。しはすは霜気催し、空ものすこく、或ハやかて吹降出し、目馴し庭木の気色かハりなは、秋のゝちの誘なるへし。又、

父母のため生き身魂を祝うとて、若い殿たちが小舟に棹さし、釣糸を垂れ、網をおろし、おのおのさまざま言い合いながら見渡されるべきでしょう。名月のころは海か空かと見えわかぬかたは漂洲に金波がたち、その中より真帆が追風に吹かせて入り来るのは、月の中より出たかと怪しまるべし。またやみの夜は漁火もよかろうと思います。秋もややふけ行けば、東海寺、海晏寺から浜の御殿の浦にかけて、山々の紅葉の濃きも薄きも、夕日に向けて、殊に眺めが深いことであろう。

神無月は、また、小春といって、空も長閑《のどか》なものである。そのような日は、小舟を借り、向の岸により、洲崎十万坪あたりを歩行し、霜に残った蓼《たで》の花、嫁菜が打ち交りてしぼれがちになるなかに立ち出てたる尾花のすえに百舌の一声鳴きたるは、殊にあわれである。

この月の末ころより、風もつめたく身にしみるようになると、かの小詩仙堂に帰って、最近に俳優の入れ替えがあって、新しい歌舞伎のはればれと時めく様子

おそろしき物にたとへたる寒き夜の月は、興あれと見る人なく、廿日過る比よりハ、春のいそきとて世の中さは〳〵しく、松竹より初、何やかやととりちらし、ミそかの夜は神棚持佛堂なんとまてみあかし灯、かはらぬ空を年の名残り也とものし、五夜（午前三時から五時）にもなりて、家譲りたる子の方の事とゝのひはて、聊佳趣ありと誦したるそ、忘れて《（マヽ）》うれしかるへし。暁方は鶏の聲も一きは目覚しく、百八ツの鐘も止ミ、明からすひとわたり、長閑やかにさし出たる初日影をむかへ、孫子の新しき衣きかへて、屠蘇の酒くミかハし、千代もかはらしなとものしたる、殊にうきたつ心地するなるへし。もとより、公事にかゝハらぬ身となれハ、世の中うらゝかになり、軒端の梅一二輪ほころひ初る比より、御茶の水あたりにも同しやうなる小家造り置な

を見るべし。是ぞ、昔しと今の移りかわるのも見えて、老の嘆きの深く感ぜられよう。また、夜は、埋れ火にむかい、昼は日向《ひなた》に背中あぶりをして、古い文などをみて、見たこともない世の人を友として、あきてしまうと、おさない孫ともを集め、じょうだんごとの相手をして、たわむれ遊ぶならば、一入《ひとしお》の楽しみであろう。

師走は霜気を催して、空模様がすごく、あるいは、やがて、吹き降りだし、目馴れた庭木の気色がかわったならば、秋ののちの憐であるだろう。また、おそろしき物にたとえた寒い夜の月は、興趣はあるが見る人もなく、二十日を過ぎる頃よりは、春のいそきといって、世の中、さわざわしく、松竹よりはじめて、何やかやととりちらかし、みそかの夜は、神棚、持仏堂などまで御燈明を灯《ともし》、かわりない空を年の名残りであるということにして、五夜（午前三時から五時）にもなって、家譲りたる子の方の事ととのいはて、いささか佳趣があると誦したことこそ、忘れて《（忘れようもなく）》うれしかろう。暁方は、鶏の声もひときわ目覚ましく、百八の鐘も止み、明け

は、其所にまハり、渓の向ひの林中に鶯の鳴音をミヽ《（耳）》にとゝめ、木蔭の淡雪も消はてゝ、若草もえたつに従ひ、おしなへて花の盛となりにけり。山の端《は》ことにかゝるしら雲と詠したる風情にて、小川町番町あたりの家々の木梢ことに見えまされ《（ママ）》、春の気色一きは勝りて見所多かるへし。又、ゑみを含し遠山の中に高く聳え立たる富士の根に向ひ、又来《こ》ん年を契り置、春の名残つけわたる雁かねのはねつらね、夕暮空にかへるさま、此地の詠はるかにて、ことによかるへし。かく小さき家所々に造り置、十日廿日つゝ旅寝心に移り住、たま〳〵意にかなふ友達尋來を迎へ、茶を煑《に》、酒をすゝめ、折にふれ詩を賦し、哥もよみ、俳諧をもなし、其時々の興に乗し、又、興盡る時は諸共に杖を突、手を携へ、外にも出、便りよからん方に逍遥せは、如何楽

からすが、ひとわたり、のどかに差し出た初日を迎え、孫子が新しい着物に着替えて、屠蘇の酒を汲みかわし、千代も、変わらないようにと、などしたことは、ことに心うきたつ心地のするものであろう。

　もとより、公の事務にかかわらない身となったからには、世の中がおだやかになって、軒端の梅の一、二輪がほころびるころより、お茶の水あたりにも同じような小家を造り置いたならば、その所に行って、渓の向いの林の中に鶯の鳴く音を耳にとどめ、木蔭の淡雪も消えはてて、若草がもえたつにしたがい、すべて一様に花の盛りとなって、山の端ごとにかかる白雲と、詠した風情に、小川町、番町あたりの家々の木梢ことに見え勝りて、春の気色の一きわ盛んになって、見る所が多いであろう。また、絵味を含んだ遠山の中に、高く聳え立った富士の根に向い、また来る年を約束して、春の名残りをつげわたる雁かねの羽根を連ね、夕暮れの空にかえっていく様子、この地のくちずさみのはるかであって、ことによいであろう。

しかるへし。是そ望める所也。されとも、ものおふ〳〵しきハわつらハしき物にして、うるさけれハ、事のたらぬを第一として、移り行事《ゆく》になくてハならぬ調度計は定むへし。

このように、小さい家をあちこちに造っておいて、十日、二十日ずつ、旅寝心に移り住み、たまたま意に叶う友達が尋ね来るのを迎え、茶を煮、酒をすすめ、折にふれ詩を賦し、歌もよみ、俳諧もなし、その時この興に乗じ、また、興尽きるときは、一緒に杖を突き、手を携え、外へも出かけ、便りよい方にぶらぶらと歩いてみれば、いかに楽しいことであるか。是ぞ望める所である。

ではあるけれども、ものいいたてることはわずらわしいもので、うるさいから、事の足らないのを第一として、次第にかわってゆくことに無くてはならぬ調度ばかりは、定めておこう。

行箱

行箱中用具

一　茶箱中

一　茶鑵《はちゃいれ》　一　茶碗《どんぶり》　一　手炉《てあぶり》

一　茶瓶《どびん》　一　大鍾《ちよく》　一　風炉《ひちりん》

一　茶托子《ちゃぼん》　一　漆碗《すいものわん》十人前　一　鍋《なべ》

一　茶鍾《ちゃわん》　一　千里鏡《とをめかね》　一　調羮《さじ》

一滓盂《こぼし》　一自鳴鍾《とけい》　一書　詩歌集
一茶焙《ほいろ》　一煖酒鑵《かんなべ》　一法帖
一抹布《ふきん》　一鍾《さかつき》　一水釭《みつつぎ》
一火筋《ひばし》　一折撜《たゝみ(本のママ)》　一食籃《くハしいれ》
一磁盆《はち》　一折盤《をりぜん》

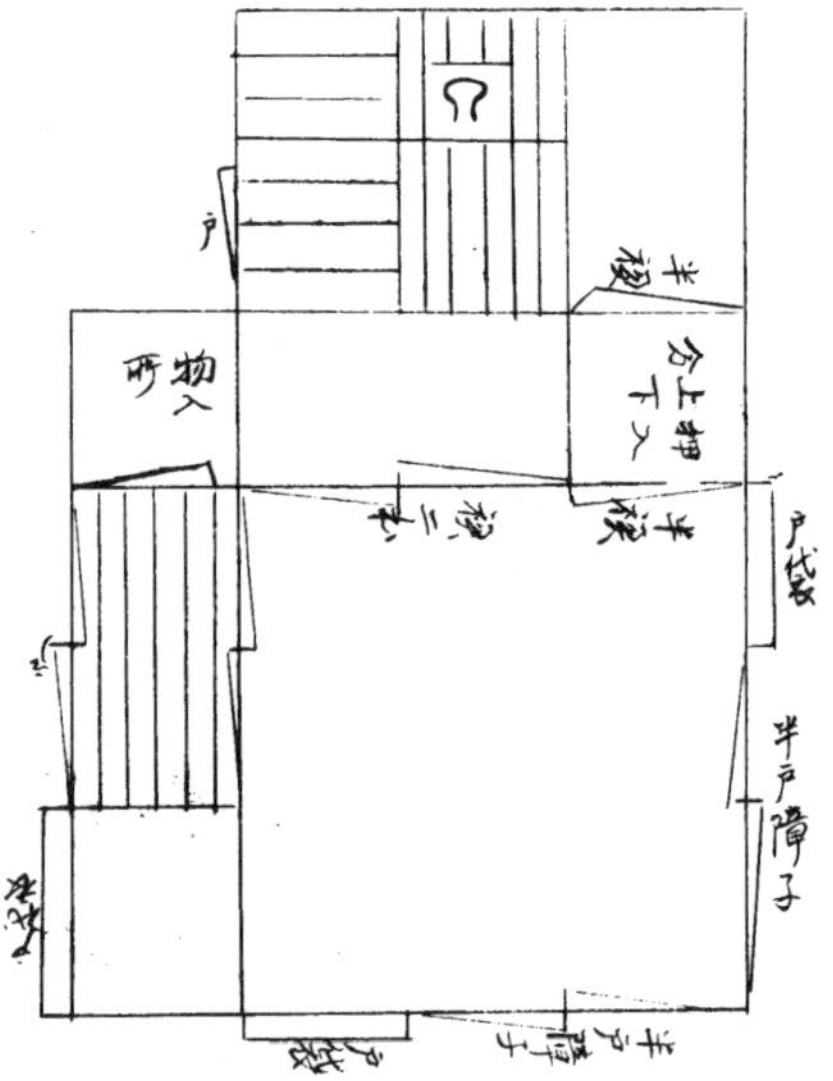

小屋要用具

書燈《あんどう》　醤釭《しやうゆ入》　肉櫆《まないた》
掛燈《かけとうかひ》　油壺《あぶらつぎ》　米櫃《こめひつ》
面盆《たらい》　篩計《ミそこし》　汁瓶《ミそ入》
煙盆《たはこぼん》　棕帚《しゆろほうき》
杓《ひしやく》　竹木二種　一遍擔《はたき》
釜　提桶《てをけ》
提水桶《てをけ》　礌槌《すりこき》
飯計匙《めししやくし》　菜刀《ほうちやう》
火連刀《ひうち》　礌盆《すりばち》

（注）二七・二八頁の挿図は慶應義塾大学信濃町メディアセンター（北里記念医学図書館）蔵。

三　野叟独語

海防彙議補巻一

松園主人編纂

我邦昇平二百五十年金鼓之声ヲ聞ズ、目兵革之色シ其ズ、是開闢以来ナキ所ナルノミナラス、之ヲ西土ニ求ルニ、其例ヲ見ズ、生ヲ此土ニ受ル者誰カ国恩ヲ感戴セザランヤ、近年洋夸唐山ヲ侵ス、唐山之ヲ制伏スルコト能ハズ、地ヲ裂、銀ヲ与ヘテ和ヲ議スルニ至ル、是レ我邦ニ在テハ覆車ノ戒トナスベシ、況ヤ此年洋夷沿海ヲ偵フテ、止サルヲヤ、孟子曰、無敵国外患者国恒亡ト、今洋夷ヲ以テ外患トナシ、奢靡遊惰ノ幣風ヲ一変セハ

国祚天地ト共ニ長久ナルヘシ、幸ニ

明君賢相上ニ在テ、言路壅ル所ナク、馭戒ノ策

三　野叟独語《やそうどくご》（対ロシアを意識した海防策）

兼好法師が「思ふ事いはざれば腹ふくるる事なり」、と。これを言おうとすれば、他人の聞くことをおそれる。人が止めようとすれば胸が悶えて堪え難いものである。

ある夜、燈の下に閑座して、自分の影法師に向かって、自分で問いを起し、先生、いいたいことがあったなら、その知っているところを答えて下さい、といった。

そもそも、わが国三百年以来、東照宮御一統の御大徳により四海太平に治まる。我も人も先祖より以来、有り難い昇平の徳沢を戴き、わが父祖も親も安穏に生涯を送る、我もまたその下に生まれ、同じく此の年月の老いを楽しむことなれば、及ばずながら、何につけてもこの御徳恩を報い奉る度思うことである。しかるに、世の人にも、この余沢にて今日に至るまで、何不足なく干戈飢寒の患いを知らず、美食に飽き美服を着

ヲ獻スル者相踵テ起ルニ、朝廷其中ニ於テ棟擇取合ス、固ヨリ遺筭アルコトナシ、今其書伝播シテ予カ手ニ落ル者ヲ取テ海防彙議補十五巻ヲ作ル、見ニ随テ即チ筆シ詮次ニ暇アラザルナリ

野叟独語

兼好法師か思ふ事いはされハ腹ふくるゝとなり、之を云んとすれハ、他人の聞ん事を恐る、又止めんとすれハ、胸悶える堪難し、或夜、燈の下に閑座し、我影法師に向ひ、自ら問を起し、先生いはんとする事あらハ、其知る所を答へ給へといへり、抑、我　國二百年以来、　東照宮御一統の御大徳ニより、四海太平に治り、我も人も先祖より以来、難有昇平の徳沢を戴き、我祖父も親も安穏に生涯を送、我も又其下に生れ、同しく此年月の老を楽しむ事なれハ、不及

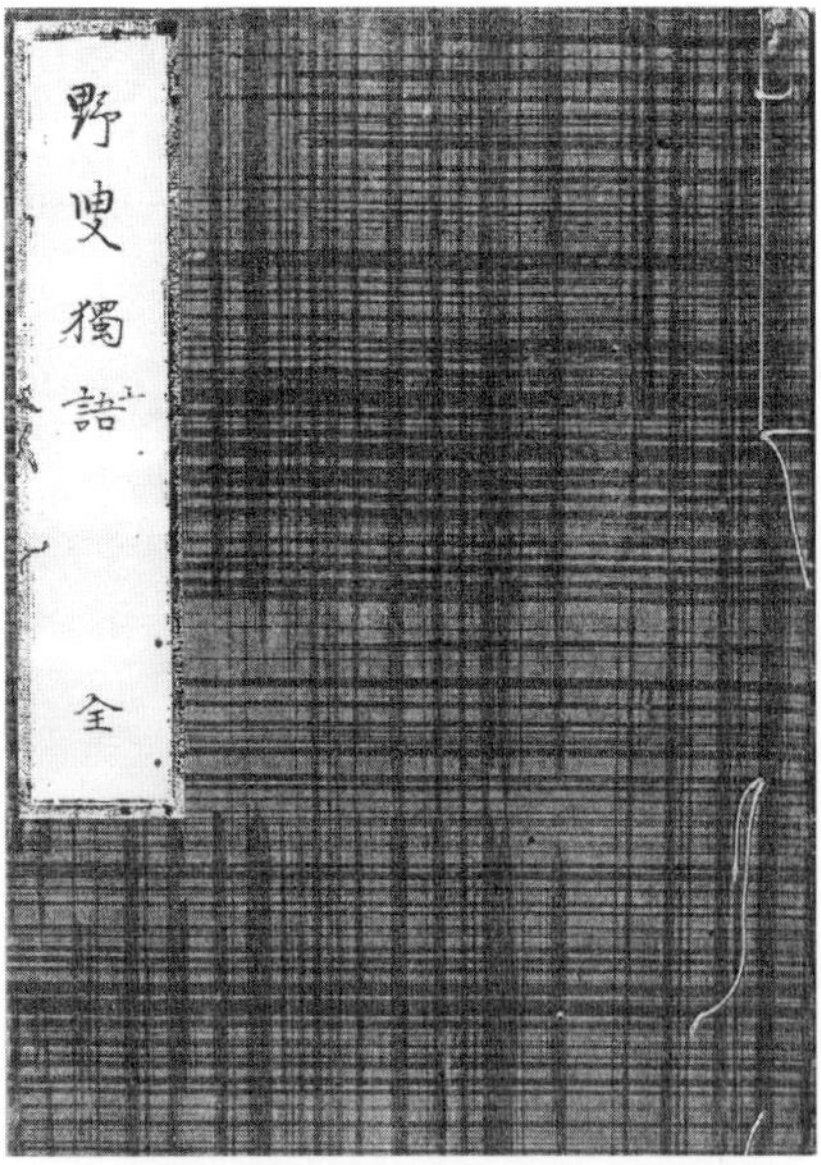

図４　『野叟独語』表紙（写本、片桐一男蔵）

し、華奢風流に日を送り、このような有り難い事をば打ち忘れ、心は万代も、かくのごときものであると思って、上は貴人より下は賎民に至るまで、二代も三代も安楽に暮らしている、その天罰で、近来は金銭が不足して、世の中、何となく手詰まりになり、人々がこれを塗り隠そうと思うより、心底はあくまで賎しきなり、その所業は、みな道にあたっていない、天道はこれを恵み給うゆえであろうか、近来色々の天変地妖を示し

なから、何そにつけて、此　御国恩を奉報度思ふなり、然るに、世の人々に、餘沢にて、今日に至るを、何不足なく、干戈飢寒の患を知らす、美食に飽き、美服を着し、華奢風流に日送り、かゝる難有事ハ打忘れ、代ハ万代も如此ものと思ひ、上ハ貴人より下賤民に至る迠、二代も三代も安楽に暮せし、其天罰にや、近来ハ金銭不足して、世の中何となく手詰になり、人々之を塗隠さんとおもふより、心底あくまて賤しくなり、其所業皆道にあたらす、天道之を恵ミ給ふ故なるか、近年色々の天変地妖を示し給ふ事数多し、其中

　京都大火禁裏炎上の事
　大仏天王寺雷火の事
　愛宕住吉焼失の事

給うことが数多く、そのなかでも、

　京都大火禁裏炎上の事
　大仏天王寺雷火の事
　愛宕住吉焼失の事
　象潟陥事
　天草山崩の事
　鑓突の事
　子供争ひ合戦に似たる事

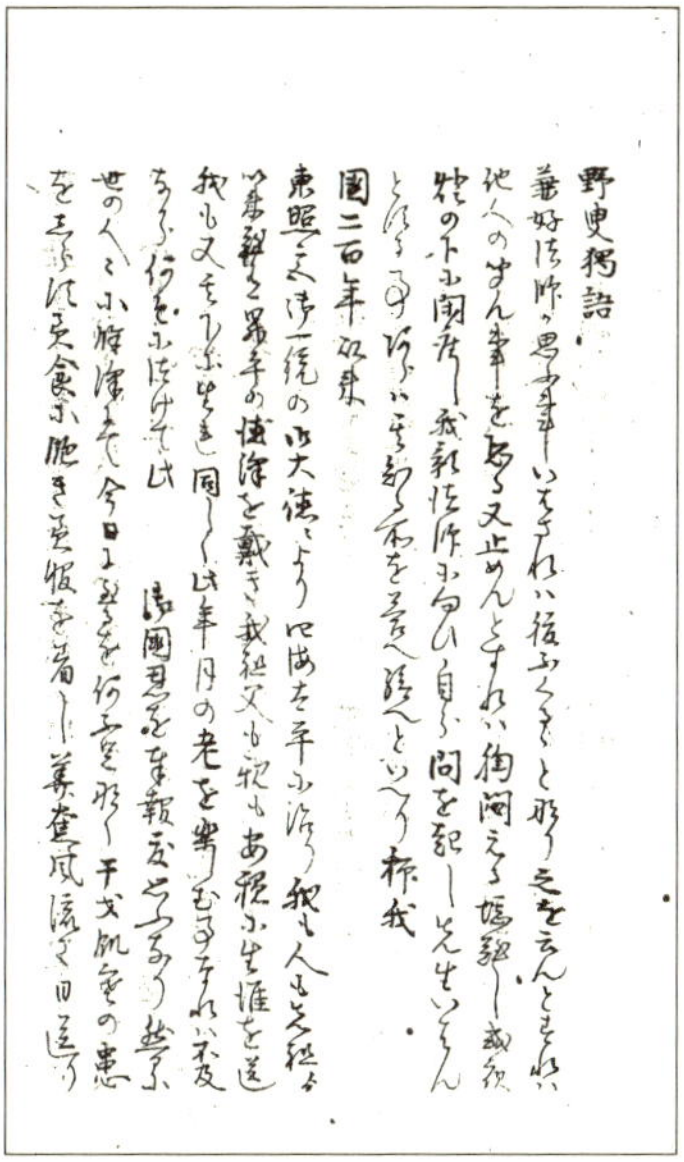

図５　『野叟独語』本文冒頭（写本、片桐一男蔵）

象潟陥の事
天草山崩の事
鑓突の事
子供争ひ合戦に似たる事
猫多く死して単夥しき事
荒埣の事
黒氣天にわたる事
天狗松あかしの事
大坂に白氣立事
御白書院大木折るゝ事
蛙合戦の事
枩応寺の松折るゝ事
氷川内（明）神棟落る事
蜂集る事
蜻蜓（蛉）群る事
一石橋柱蘖を生する事

猫多く死して単夥敷事
荒埣の事
黒気天にわたる事
天狗松折るる事
大坂に白気たつ事
御白書院大木折るる事
蛙合戦の事
松応寺の松折るる事
氷川明神棟落る事
永代橋落る事
蝶多く死する事
蜂集る事
蜻蛉群る事
一石橋柱蘖を生ずる事
箒星の事
九月十七日東西諸国大風雨、大木幷人家等倒るる事
日光御祭礼大荒の事

彗星の事
五月十七日東西諸国大風に大木幷人家等倒るゝ事
日光御祭礼大荒の事

此外一々云盡し難し、是皆天より人に心を改よとの御知らせなるへし、然れハ、上下是に心付、万事改め慎へきの時節といふへし、是ハ中庸に国家将興必有禎祥国家将亡必有妖孽の所なるへし、是を思へハ、実に魂消へ、心もつふるゝ心地するなり、然も、盛衰反覆世の有様、有情無情の者、始あれハ終有死生栄枯、何者か之を遁るへき、我身はや老衰し、明日をもしらぬ身となれハ、命の惜き事ハ露計もなく、是全盛至極の世の有様も見尽したれハ、残り惜しき事ハ少もなく、但仕合か、不仕合か、人の羨む孫子多く持たれハ、偏に其も

このほか一々言い尽し難い。これらは天より人に心改めよとの御しらせであろう。しからば、上下はこれに心を付け、万事改め慎むべきの時節というべきである。これは中庸に、「国家、まさに興らんとすれば、必らず禎祥がある、国家がまさに亡びようとすれば、必らず妖孽がある」という所である。是も思えば、実に魂も消え、心もつぶれるような心地がする。しかしながら盛衰反復は世の有情無情のもの、始めがあれば終りがある。死生栄枯は何者がこれを遁れることができようか。わが身もやや老衰し、明日をもしらぬ身となれば、命の惜しい事はつゆばかりもない。これまで、全盛至極の世の有様も見尽したのであるから、残り惜しい事は少しもない。ただ仕合せか、不仕合せか、人の羨む孫子を多く持ったので、ひとえにその者、その行衛を案ずるまでである。なにとぞ、幾久しく、御上の限りない御恩徳、彼らが行衛も安楽に暮らさせたく思うところである。この心より、試みに先生の了簡を尋ね申すのである。

の共の行末案する詀なり、何卒、幾久敷　御上の限りなき　御恩徳、彼等か行末〳〵も安楽に暮させ度願ふ所なり、此心より、試ミに先生の了簡を尋んと申なり、如何せバ此行末万々年も同し御代にて過られ可申哉、思ふ処を不残語り給ふへし、承度と申たり、燈影先生つく〳〵聞て、答曰、尤至極の申分なり、凡人の大病を受、重きに至りても良医に託し、其教を守り、能く接養を加へなハ、何程老体の衰病にても、又命を延る筋もあり、又人の家居も久敷修理を加へす、已に倒れんとする詀捨置ても、能き大工を招き、再ひ修理を加ふれハ、持答ゆる道理もあり、国家も将に乱れんとしても、政を能改る時は、再ひ太平になるものと聞り、是を中興の業と申由、然れとも、創業の功ハなし易く、中興の業ハなし難しと、昔より申伝ふる事也、是ハ如何にとなれハ、仮令ハ彼人家の如

どうすればこの行末、万々年も同じ御代で過すことができようか、思うところを残らず語っていただきたい、承りたいと申したのでした。

燈影先生がつくづくこれを聞いて、答えて曰われるには、もっとも至極の申されようである。およそ、人が大病になって、重くなっても、良医について、その教えを守り、よくよく摂養を加えたならば、どれほど、老体の衰病でも、また命を延ばす助もある。また人の家居も久しく修理を加えなければ、倒れてしまうまで捨て置いても、よい大工のように再び修理を加えれば、持ちこたえる道理もある。国家もまさに乱れようとしても、政をよく得るときは、再び太平になるものである、と聞いている。これを中興の業といっている由、しかしながら、創業の功はしても、中興の業はなし難い、と昔から伝えられていることである。是はどのようなことであろうか。たとえば、彼の人家のように、いつとなく無益の住居を建て継ぎ、覚えず、次第次第に大家になってしま

し、いつとなく無益の住居を建つぎ、覚へず次第〳〵に大家になり、扨、時々の修覆をも加へすして捨置くに、それか一度損し立、今ハ既に倒れんとするに至り、修復を加ふる時ハ、不用の建継を取棄されバ、用立様にハならさる者也、然ルに、夫茂惜く、是も捨難しとて、修理せ〔され〕ハ、調ハざる物なり、国家も其如く、何もなく色々仕癖仕なしの付たる所を改んとすれハ、又彼の此のといふ差支あるやうに見えて、夫を改むる事、氣の毒におもふ事のミ多きか故に、中興の業ハ難きと也、此事ハ英断にあらされハ行ひ難しと云り、中も恐多き事ながら、此時節、世将乱の萠見えたる様なり、専ら中興の御政道を行ひ可給　御時代かと存る也、先其萠の第一と申ハ、近来諸人聞候処の、魯西亜国の外夷なる、三十年以来我東北奥蝦夷の諸嶌を蚕食し、又頻りに隣誼交易を取結ふ

う。さて、ときどきの修覆までも加え、そして捨て置くに、それは一度損じ、只今は既に倒れようとするに至ってしまった。修覆を加えるときは、不用と建て継ぎを取り棄てなければ、用立つようにはならないものである。しかしながら、それも惜しい、これも捨て難いといって、修理しなければ、調わないものである。国家もそのごとく、なんとなく、いろいろ仕癖、仕なしの付いた処を改めようとすれば、また、彼の此のという差支えあるようにみえて、それを改むる事、気の毒に思うことのみ多くあるので、中興の業はむずかしい事である。このことは英断でなければ行い難いことである、といわれる。申すも恐れおおい事ながら、この時節、世がまさに乱れようとするきざしが見えたようである。専ら中興の御政道を行い給うべき御時代かと思うことである。まずそのきざしの第一というのは、近来、諸人が聞いているところの魯西亜国の外患である。三十年以来、わが奥蝦夷の諸島を呑食し、しきりに隣誼交易を取

の事を願ひ、是迠段々次第して、甲子秋長崎表へ使節を送り候所、御諭文を被下、無御取上差戻されし故に、彼其宿意に背きし事なれハ、不快に思ひしと見へ、長崎の御取扱厳酷に過き、前約違変なりと憤り、夫を名として、去秋当夏、蝦夷西北諸嶌へ乱入せしと申也、是事情の通せさる行違に出たる事なるへし、然とも、愚夫凡俗の類ハ、委細の事をも弁〔へ〕す、何か御違変の様にのミ心得、はる〳〵音物を持参せし使者を空しく御返被成候ハ、夷狄ながら大国へ対し御無礼の様ニ申、彼を是とし、是を非とおもふ様にも聞ゆる也、是無識者の論する事なれ共、我国の人心迠服せさる所あるに似て、以の外の事也、天の時ハ地の理にしかす、地の理ハ人の和にしかす、と承れハ、何事有ても、我か人心に服せさる所あるハ大事の御事也、扨、夏帰帆の砌り、魯西亜船より交易の義

り結ぶことを願い、是迄、段々次第して、甲子（文化元年、一八〇四）の秋、長崎表へ使節を送ったところ、御諭文を下され、御取り上げなく、差し戻されたので、彼の宿意に背いた事であったので、不快に思ったとみえて、長崎の御取り扱いが厳酷に過ぎ、前約違変であると憤り、それを名目にして、去秋、当夏蝦夷西北諸島へ乱入したということである。これは事情の通じない行き違いに出た事であるのであろう。しかしながら、愚夫庸俗の類は、委細のことも弁えないで、何か御違変の様にのみ心得て、はるばる音物等を持参した使者をむなしく御返し成されたのは、夷狄のことながら、大国に対し御無礼の様に申し、彼を是とし、こちらを非と思うよう云うべきであると聞こえるのである。是は無識者の論ずる事ではあるけれども、わが国の人、心では服さないところのあるようで、以ての外のことである。天の時は地の理にしかず、地の理は人の和にしかずと承ることであるから、何事があっても、我が国の人が心に服さ

御許し無之バ、来春に至り数艘の船を向け可申と申越せし由、其実不実ハしらす、人々申唱ふる處也、御上よりハ来舶何の廉立事にあらす、交易一通りの願望にて、舶ハ疾に帰帆せりと御触あれ共、是只浮説を退け、人氣をなため給ふ、一時の謀也とて、しゐて疑《ウタカ》を生し、実以人心穏ならす、斯々世の人氣落着き意なきハ以の外の事といふへし、是を静め玉ハんに扱方にてか有事也、

問曰、其魯西亜こそ　我国の大病のやミ附にて候へし、良医ハ末病を治すと申候得ハ、此取扱ひ間違なる難治の症ニなるへし、如何して可宜や、

答曰、されハ其事也、是こそ国家当時の急務なれハ、上なる執政の方々、嘸心労し給ふへし、毛頭油断ハ無之事と存する也、必無益に心を痛め給ふへからす、乍去、貴老の問故、我存寄をハ可申、抑、魯西亜国と申ハ、所謂没斯箇未亜にて、昔ハ

ないところのあるのは、大切の御事である。さて、当夏、帰帆の魯西亜船より交易の儀御ゆるしがなければ、来春に至って数艘の船を向けてくると申し越してきた由、その実、不実はしらず、人々が言っているところである。御上よりは来舶何の廉立つことではなく、交易一通りの願望であったならば、舶はすみやかに帰帆したと御触があったけれども、これはただ浮説を退け、世上の人々の心気をなだめたまう一時の御謀であるとして、しいて疑いを生じ、実に以て人心穏やかならず、かく世の人気落着きなきは以てのほかのことというべきである。是をしずめたまうに扱い方こそ有るべき事である。

問うて曰く、その魯西亜こそ、わが国の大病の病み付きというべきである。良医は末病を治すということであるから、この取り扱い間違いなく難治の症になるであろう。どうしたらよろしいであろうか。

答えて曰く、されば、そのことである。これこそ、国家が現在直面している急務であるから、上におら

一の王国なりしか、当時より四五代以前の英主ベーテルテコロートといふ男、其近国を切従へ、其国を中興し、段々勢盛になり、次第次第に手を延し、我蝦夷の向方カムシヤツカトガといふ所を己か領地となし、遂に彼ノもの帝位を履みし時、世界第一の強盛の大邦となりし由、此人寛文の頃に生れて、享保の初頃迠存生にて在りしよし、是より代々領主継き興り、猶是、張業し、近来ハ其東北なるカムシヤツカトガより、南に連る諸嶌蠟帍島辺を侵掠し、其国勢の強壮なる事、人の若くして血氣盛なる如くなり、何れの国も勢を得し人情同し事と見へ、開国の初に在て勢至壮なる故、隣国遠境迠手を延したくなるものと見ゆ、此方にても太閤秀吉公ハ朝鮮を攻　東照宮の琉球を御手に入給ひしか如く存る也、扨、右に申ベーテル帝より後の女王の時、我　日本国へも通路なしたく思

れる執政の方々が、さぞ心労しておられることであろう。毛頭に油断はないこととは存じておりますが、かならず無益に心を痛められることはありますまい。しかしながら、貴老の問いでありますから、私の存じ寄りをあえて申し上げます。

　そもそも、魯西亜国と申すのは、没斯箇未亜《モスコビア》で、昔は一つの王国であったが、いまより四、五代以前の英主ペーテルテコロート（＝ピーター大帝）という男は、その近国を切り従いて、その国を中興し、だんだん勢が盛んとなって、次第、次第に手を延ばし、わが蝦夷の向い方であるカムシヤツカトガという所を己が領地となし、ついに、彼の者が帝位についた時に、世界第一の強盛の大邦となった、ということである。この人は、寛文の頃に生れて、享保の初め頃までの存在であった由で、これより代々領主が継ぎ興り、なおこれが、張業して、近来は、その東北であるカムシヤツカトガより、南に連なる諸島の蠟帍島《ラッコジマ》辺を侵掠し、その勢の強壮なることは、人の

ひ付し由、是ハ我元文の初年の事と聞ゆ、其四年の夏、我東海を通行せし異国船ハ、此国の船と見ゆる也、然ハ七十年計の事也、此頃より我国へ通したき事を心懸しとそ思ハるゝ也、兎角彼方の人ハ惣て事を謀るに、心永く子々孫々茂其志を継き、色々に手を加へ、望を達する事と見へ、とふ〱去ル頃ハ、松前にて与へ給ひし信牌を持参し、弥、信義を通し、交易を茂取結度よしにて、長崎迠使節を遣したる事になしたり、然ルに其節の御扱ひ不宜といふを名として、去秋より当夏に到り、蝦夷地、西ハ唐太島の内、東ハヱトロウ島へ上陸、乱妨し、若交易御免無之ハ、来春ハ数艘の船を差向、北地の分ハ攻取可申との書簡を残し、一先帰帆せし由聞ゆる也、是実事ならハ、世の乱るへき端にして、誠ニ御大切の御時到来せしと存る也、

　東照宮御骨を折らせ給ひし御後を継せ給ひ、

若くして血気盛んなるが如くである。いずれの国も勢を得た人情の同じことと見え、開国の初めに在って勢が至壮なる故、隣国遠境まで手を延ばしたくなるものと見える。この方でも、太閤秀吉公は朝鮮を攻め、東照宮の琉球を御手に入れられたごとくである。さて、右に云うペーテル帝より後の女王のとき、わが、日本国へも通路いたしたく思い付いたということで、これは、わが元文の初年のことと聞いている。その四年の夏、わが東海を通行した異国船は、この国の船と思われる。であるならば七十年ばかり前の事である。この頃より我が国へ通じたいことを心がけたことと思われる。兎角、彼方の人は、惣じて事を謀るに、心ながく子々孫々もその志を継ぎ、いろいろ手を加え、望みを達することと見えて、とうとう去る頃は、松前で与えた信牌を持参して、いよいよ、信義を通じ、交易をも取り結びたいよしで、長崎まで使節を遣わしたということである。しかるに、その節の御扱いが宜しからずということを名目

此天下の主と仰かれ給ひ、御代々様より、当上様迄、結構至極の御身の上ニて、萬民の膏《あぶ》ラを以て御育被遊候御身なれハ、其代りに、此節ハ格別御骨を折せ給ひ、夷狄の鉄炮玉壱ツも下民の頭の上を越させ給ひてハ不相済候事なれハ、何分此天下不乱様ニ不被成下候てハ御申訳難立事と奉存候也、又執政方を始、重き御役人も其先祖の餘光とは申ながら、二百年近ク代々高禄を頂戴し、諸人の尊敬を受、大名の小名のとあがめらるゝ御身分なれハ、御国勢のくじけさる様に精力を尽し、御用ニ不立ハ其身の一分不相叶御時節なり、然ハ、如何して可宜と考るに、交易御免あるか、船を引受、合戦して、打潰すかの二道より外ハなき事也、扨、先達も於長崎表、此国ニてハ先年ゟ定めある事ニて、妄に他国へ通信ハなし難く、且交易の事ハ有無交易の道なるに、我国に於てハ、其国と易

にして、去秋より当夏にいたり、蝦夷地、西は唐太島のうち、東はヱトロフ島へ上陸、乱妨し、もし交易が御免なくば、来春には数艘の船を差し向け、北地の分は攻め取るという書簡を残し、ひとまず帰帆した由であると聞いている。これが実事であったならば、世の乱れるべき端緒であって、まことに御大切の御時が到来したと存じます。

　東照宮が御骨を折られた後を継がせられて、この天下の主と仰せられて、御代々様より当上様まで、結構至極の御身の上であって、万民の膏《あぶら》を以て、お育ちになっている御身であるから、その代りに、この節は格別の御骨折りをいただいて、夷狄の鉄炮玉一つも下民の頭の上を越えさせては相い済まぬ事であれば、何分、この天下、乱れざる様に、なし下されなくては申し訳も立ち難いことと存じます。また、執政方をはじめ、重き御役人もその先祖の余光とは申しながら、二百年ちかく、代々高禄を頂戴し、諸人の尊敬を受け、大名の、小名の、とあがめられて

ふへき物なしと御返答有し由ニて、使節を空しく御返し有しと聞く、今更、唐太ヱトロフを乱妨されしにて、夫か怖きに無何事御免あらんハ本意なし、外国へ対して御外聞不宜、又我国内の諸人の思はん処も腑甲斐なき様にて　上の御威光の薄きに似たれハ、為し難き事と存るなり、然ハ、軍兵を御差向、御一戦あらんより外ハあるへからす、去ハとて、今の世の武家の情態を見るに、二百年近く豊なる結構至極の御代に生長し、五代も六代も戦ふといふ事ハ露程もしらす、武道ハ衰へ、次第に衰へ、何そ事あらん時、御用に立へき第一の御旗本御家人等も、十ニ七八は其状ハ婦人の如く、其志の卑劣なる事ハ商買の如くにして、士風廉恥の意ハ絶たる様也、其中ニて、能き分ハ武芸を嗜ミ申人弓馬鎗釼ハ心掛れ共、是を以て立身出世御番入の元手とするの了簡から、物の師匠に阿《おもね》り

いる御身分であるから、御国勢のくじけないように精力を尽し、御用に立たなければ、その身の一分に叶わない御時節である。だから、どうしたらよいか考えるに、交易御免があるか、船を引き受け、合戦して、打ち潰すか、の二道よりほかはないことである。さて、先立っても長崎において、この国においては先年より定めのあることであって、みだりに他国へ通信することはなしがたく、かつ、交易の事は有る物と無い物との交易である道理であるのに、我が国においては、その国と易うべき物がない、と御返答された由で、使節を空しく御返しになったと聞いている。今さら、唐太ヱトロフを乱妨されたからといって、それが怖さに何事もなく御免になるのは本意ではない。外国に対しても御外聞が宜しくない。また、わが国内の諸人の思う処も腑甲斐無いようであって、上の御威光の薄いようにも似て、為し難い事と存することである。だから、軍兵を差し向け、御一戦あるよりほかはない。さりとて、今の世の武

諂《へつら》ひ、頭前を拵へ、見分の節に至り、仕合能く、尺二の的を射はづさす、又猫の様に仕合たる馬に打跨り、乗地道を恙なく仕をふすれバ、其功にて御番入、立身して其後ハ何もかも、棚へ上ケ置、見向もせす、世話ニなりたる師家へも無沙汰し、薄情至極いふべからざるの徒のミ多し、其専ら志ス処の実心ハ数代奢に長し、すり切たる身代を御役料や御番料の御影を以て、取直さんと思ふ計のミ也、又さなきハ智恵分別もなく、歌舞妓の大将役者同然に、一幕なり共人に尊敬され度望ミて也、其柔弱なる証拠ハ、先年小金ヶ原御猪狩の時、数日の間、繫き置、或ハ目を縫たる猪鹿を捕にさへ、如何なる戦場にも向ふ様、暇乞の盃取替す様なる振舞也、さるにより、其後に小鹿野の狩に人か鹿かの見分ケも付す、倚人に纏付る様なるうろたへたる事も出来たり、其外、小普請の輩ハ朝夕に、

家の情態を見るに、二百年ちかく豊かな結構至極の御代に生長し、五代も六代も、戦うことを、露ほども知らず、武道は衰え、次第に衰へ、何か事があったときに、御用に立つべき第一の御旗本、御家人らも、十に七・八は、そのさまも婦人のごとく、その志の卑劣な事は商売のごとくであって、士風廉恥の意はなくなってしまったようである。そのなかで、能き分は武芸を嗜む人もあって、弓馬鎗釖は心掛けるけれども、これをもって、立身出世、御番入りの元手とする了簡から、物の師匠に阿り、諂《へつら》い、頭前をこしらえ、見分の節に至ると、仕合よく、尺二の的を射はずさす、また、猫のように仕込んだ馬に打ちまたがり、乗地道をつつがなく仕おうすから、その功によって御番入り、立身して、その後は何もかも、棚へ上げ置き、見向きもせず、世話になった師家へも、無沙汰をし、その専ら志すところの実心は、数代、奢に長し、すり切れた身代を、御役料や御番料のお蔭をもって、取り直そうと思うばかりである。

歌浄瑠理琴三味線、歌舞妓役者の真似に日を暮し、能キ分の茶湯生花狂歌誹諧、又是等を不好輩ハ唐鳥を飼ひ、植木を作り、町人を相手に、内々ニて商ひをなし、馬好きと呼るゝ人ハ駒を乗入レ、癖馬を直し、下直の馬を商売する思案を廻し、大軀ハ武士の武士たる志ある人甚少し、偶、学文なとする人あれ共、夫も実学ハ少く人の前にて物知りと思ハせ、立身の種とする迠也、ケ様なる卑劣の輩多くてハ、何万騎有ル共、物の御用ニハ立へからす、然共、多くの御旗本御家人の内にてハ、又志も厚く才智の有ル人も数多あるへきなれ共、是又覚へす世の風俗に引立られて、勝手向すり切たる家督をつき、其身ハ何程志有ても、家の子譜代の家来ハ不持、一季半季の渡り者計り召仕ふ事故、何そといふ時、矢玉の中に飛入て、主人の鎧脇勤る用人も侍も徒もなしよし、又有とても、其志計

また、そうでなかったら、智恵分別もなく、歌舞伎の大将役者と同じように、一幕であっても人に尊敬されたいという望みである。その柔弱なる証拠は、先年、小金ヶ原の御猪狩の時、数日の間、繋ぎ置いたか、あるいは目を縫った猪鹿を捕るにさえ、いかなる戦場にでも向うような、暇乞いの盃を取り替すような振舞いである。であるから、その後に小鹿野の狩に、人か鹿かの見分けも付かず、倚人に縋り付けるような、うろたえたことも生じたり、そのほか、小普請の輩は、朝夕に、歌、浄瑠璃、琴、三味線、歌舞伎役者の真似に日を暮らし、能き分の茶湯、生花、狂歌、俳諧、またこれらを好まざる輩は唐鳥を飼い、植木を作り、町人を相手に、内々に商いをし、馬好きと呼ばれている人は駒を乗り入れ、癖馬を直し、下直の馬を商売する思案を廻らし、大体は、武士の武士たる志のある人は甚だ少ない。たまたま、学文などする人がいたとしても、実学は少なく、人の前で物知りと思わせ、立身の種とするまでである。

りにてハ、是もなきか如くなるへし、扨、昔の渡り者といふ者ハ、皆勇氣のある者にて、大小の類も相応に切れる物を帯せしか、今ハ竹光神明丸ボクケンといふを腰ふさぎ計に指迠也、ヶ様になり下りし事なれは、御旗本何万人何石に何程といふ御軍役の御定めあれ共、到て御手薄き事の様に奉察入候事なり、又大名とても、同し事にて、代々太平の化に染ミ、次第〳〵に奢に長し、世間の付合、外見のミを宗として、二百年近く江戸表へ参勤し、知行の米を売払、金にして、江戸へ持出し、年限りに遣ひ捨たる事故、近年ハ手詰になり、身上立行兼、領分ニ役金を当て、家中ニハ借米し、家中の者ニ可持人数も不得已夫も持せす、僅の御番所勤も一ト番切ニ日雇を買ひ、人足を雇ひ、人数の頭数を合せ、漸勤の名を欠ぬ計也、其甚しきハ、江戸内の勤、登　城も、徒士鑓持迠、一日雇

このような卑劣の輩が多くては、何万騎あっても、物の用には立つことがない。しかしながら、多くの御旗本・御家人の内では、また、志も厚く、才智の有る人も数多くあるべきであるけれども、これまた、気もつかないうちに世の風俗に引き立てられて、勝手向きの摩《す》り切れたような家督を継ぎ、その身はどれくらい志があっても、家の子、譜代の家来は持たず、一季、半季の渡り者ばかり召しつかうので、何ぞという時、矢玉の中に飛び入って、主人の鑓脇を勤める用人も、侍も、徒もないというよしである。また有ったとしても、その志ばかりでは、是も無きがごとくとなってしまう。さて、昔の渡り者という者は、みな勇気のある者で、大小の類も相応に切れる物を帯びていたが、今は、竹光、神明丸、ボクケンというものを腰ふさぎばかりに指しているだけである。か様になり下ったことであるから、御旗本が何万人、何石に、何程という御軍役の御定めがあったとしても、到って御手薄きことの様に察し入り奉

にして、間を合する方々も有ると也、惣て上を学ひ、華美の風俗に習ふハ、人情にして、倍臣迠も分外の奢に長し、多くハ都下の時風に成り下りし故、其国々土着の風儀ハ絶果て、皆当用便利なる渡り者を一年切の若党小者等召仕ふ者計也、依之、是迠、何事そと云時は、一人も危き供に立へき者有へからす、然ハ、一騎前の軍役を持人も人数不足して、戦場へ向ふ時ハ自身鑓薙刀担行より外ハ有へからす、殊ニ夫々馬の数は揃はすよし、揃へんとて、俄に買集めても、其馬もつゐに矢玉の音を聞す、甲冑を帯せる人を見る事もなき事なれハ、物怖て用に立へからす、然ハ御旗本衆も倍臣も、人馬共に用に立さる時といふへし、近頃、羽州山形の辺ニて、百姓の騒し時、米津(沢)の家中にて、武具を帯し、乗馬せしに、馬驚きて乗せす、甚難儀せしと也、然ハ実々の所に到て、是に過きたる危

ることである。また、大名であっても、同じことで、代々太平の化に深み、次第次第に奢に長じ、世間の付き合い、外見のみを旨として、二百年近く江戸表へ参勤し、知行の米を売り払い、金にして、江戸へ持ち出し、年限りに使い捨ててしまうことであるから、近年は手詰りになり、身上が立ち行きかね、領分に役金を当て、家中には借米をし、家中の者に持つべき人数もやむを得ず持たせず、わずかの御番所勤めも一と番切りに日雇いを買い、人足を雇い、人数の頭数を合わせ、漸勤の名を欠かないばかりである。その甚しきは、江戸内の勤め、登城も、徒士、鑓持ちまで、一日雇いにして、間を合せる方々も有るということである。すべて、上を学び、華美の風俗に習うのは、人情であって、陪臣までも分外の奢に長じ、多くは都下の時風になり下ってしまうので、その国々の土着の風儀は絶え果て、みな当用便利な渡り者を一年切の若党、小者などを召し仕う者ばかりである。これによって、まれまで、何事ぞという

き事ハあるへからす、魯西亜ハ常に軍事を操練し、其国ハ若き人にて、云ハヽ血気壮の若者にて、唐土にても、毎度、手懲をし、韃靼にも切勝、清朝とも戦ひしと也、清朝の英主と呼れし康熙帝も数度軍馬を発して合戦し、勝敗終ニ不定、詰る所、其しつこきに退屈し、遂ニ和議を講し、韃靼の辺境黒龍江といふ所に分界を立て、両地の限りとして、今ハ互に交易をなすと也、彼ハ其兵を練りに練りし事故、さしもの康熙帝さへ、右の形勢と聞ゆる也、然ハ右の如く衰廃せし我国の弱兵を以、其強兵に指向ひ、合戦せん事、如何あるへきや、是等の事、弁へ知らぬ人ハ、船軍ハ格別、陸に上り、手痛く合戦せハ、手元勝負にいたりてハ、我　国兵にハ及ましと中、誇る人もあるべき也、如何にも天正慶長の頃迠の武風逞兵なとハさも有へき也、今衰弱至

時は、一人も危うき供に立つべき者や有ることがない。だから、一騎前の軍役を持つ人も、人数不足して、戦場へ向う時は、自身が鑓、薙刀を担ぎ行くよりほかはない。ことにそれぞれ馬の数は揃わないよしで、揃えようと、急に買い集めても、その馬もついに矢玉の音を聞かず、甲冑を帯びた人を見ることもないことであるから、物怖じして用に立つことがない。だから、御旗本衆も、倍臣も、人馬共に用に立たない時なのだというべきである。近頃、羽州山形のあたりで、百姓の騒しい時、米沢の家中で、武具を帯し、乗馬しようとしたのに、馬が驚いて乗せず、はなはだ難儀したということである。だから、実々の所に到って、是に過ぎるような危うい事はあるはずがない。魯西亜は常に軍事を操練して、その国は、若き人であって、いわば血気さかんな若者であって、唐土でも、毎度、手懲りをし、韃靼にも切り勝ち、清朝とも戦ったのであるということである。清朝の英主と呼ばれている康熙帝も、数度、軍馬を発して、合戦し、勝敗、ついに定まらず、

極の世に到り、偶昔物語を聞はつりし計にて、恐くハあてに成るへからす、是そ老人の口計達者にて、立居不自由なるを打忘れ、筋骨のまはりたるが心付ず、元氣立する類ひなるへし、是又敗を取の端といふへし、能く彼と是とを考合せ、事を計ふ事第一の時節ならすや、
問曰、然ハとて、是迠御代々打続きたる御武威をかゝる時節なりとて、異国に対し、少ても御引ありてハ相済間敷口惜き事なれハ、　御国運ハ天命に有、弥、攻来らハ随分と精兵をゑらミ、差向給ひ、勝負の程を御覧有て、可然、さすれハ、御家に疵も付す、只々利運ハ天命に御任せあるより外ハなき事と存るなり、是は武威凛然立派至極の御事ならすや
答曰、それは申さすとても知れし事、しかし、夫ハ彼の老人の元気立といふものなるへし、今

詰るところ、そのしつこさに退屈し、ついに、和議を請うて、韃靼の辺境、黒龍江という所に分界を立て、両地の限りとして、今は互に交易をしているということである。彼はその兵を練りに練っている事であるので、さしもの康熙帝さえ、右の形勢と聞いているのである。だから、右の如く衰廃したわが国の弱兵をもって、その強兵に指し向い、合戦しようとすること、いかがであろうか。これらのこと、弁《わきま》え知らぬ人は、船軍は格別、陸に上り、手痛く合戦したならば、手元勝負になったならば、わが国の兵には及ばないだろうというい、誇る人もいるのである。いかにも、天正・慶長の頃までの武風逞兵などはさもあるべきである。今衰弱至極の世に到り、たまたま昔物語を聞いているばかりであって、恐くはあてに成ることはない。これぞ、老人の口ばかり達者で、立ち居不自由なことを忘れ、筋骨のまわってしまったことを心付かず、元気立ちしている類であるというべきである。これまた敗を取るの端というべきである。よく彼と是とを考え合わせ、

度のヱトロフの噂の通りなれは、大抵手際ハ知れし事なり、左すれハ、上下覚悟するゟ外ハあるへからす、然共　神武天皇此国を開かせ給ひて二千餘年、又天下の権武家に移りしゟも六百年餘、其間に外国に侵されしといふハ、弘安の元兵計なり、其時ハ仕合よくて、神風吹て国兵を労せすして、十分の勝利を得たるよし也、然れ共、其神風いつも当テにハなるへからす、只事起らハ、力を尽して挑ミ戦ハんより外手段なかるへし、然ハとて、案て知れさる弱兵を以て立向ひ、一時に大敗を取てハ、末代迠の御恥辱、殊ニ　天子ゟ御預りの土地を、一寸なり共、穢され給ひてハ、以の外相済さる事なり、万一に大敗せは、是そ無稽無術の戦を挑ミ、益々国脉を衰へしめ、諸民を塗炭に陥し給ふといふものならすや、

事を計ろう事が第一の時節ではないでなかろうか。

問うて曰く、だからといって、これまで御代々続いて来た御武威を、このような時節だからといって、異国に対し、少しでも御引きがあっては相済まないことで、口惜しい事であるから、御国運は天命にある。いよいよ、攻めて来たとしたら、随分と精兵を撰み、差し向って、勝負の様子を御覧あって、しかるべし。さすれば、御家に疵も付かず、ただただ、利運は天命に御任かせあるよりほかはなきことと存ずる。これは武威凜然、立派至極の御事ではなかろうか。

答えて曰く、それは申されずとも知れていることである。しかし、夫は彼の老人の元気立ちというものであろう。このたびの、ヱトロフの噂の通りであったならば、大抵、手際は知れたことである。そのようであれば、上下が覚悟するよりほかはない。しかれども、神武天皇がこの国を開かれて二千余年、また天下の権が武家に移ってからも六百余年、その間に外国に侵されたということは、弘安の元兵ばかりである。その時

問曰、上御恥辱にもならす、穏便に事済といふ様なる別段の了簡ハ有ましきや、

答曰、されハ〳〵、其事なり、ヱテ、世の中の事といふものハ、右と思へハ左り、東と思えハ西に変る者也、近来、アメリカ船ヘンガラ船とて、交易望ミ来りしとも聞ゆ、又、所々に異国船漂着といふもの、多くハ伊祇利須国と見ゆ、又阿蘭陀ハ格別に御誓約申上し事有て、百年餘も来船御免の国なれは、人情の変態、国力の盛衰ハ何国も同し事なれハ、惣て百年前に申上し通りにや、数千里隔てし国の事、其上片便宜の事なれハ、今に不変事か必す当にもなるへからす、殊ニ近年持渡る所の荷口替り、又船の様子も替る事と聞ハ、国勢衰へ、嘆暎咭唎等に屈伏し、彼も是に替り、其国の船、其国の人も、又変り来ル抔、いふ事にもなきや、疑しき事なき

は、仕合いがよくて、神風が吹いて、国兵を労しないで、十分の勝利を得た由である。しかしながら、その神風をいつも当てにすることはできない。ただ事が起ったならば、力を尽して挑み戦うよりほかは手段はないであろう。だからといって、案じて何も知らない弱兵で立ち向い、一時に大敗を取ってしまうのは、末代までの御恥辱、ことに、天子よりお預りの土地を、一寸なりとも、穢されては、もってのほか相に済まされないことである。万一に大敗したとしたら、これこそ無稽無術の戦いを挑み、ますます国脈を衰えしめ、諸民を塗炭の苦しみにおとし給うというものではなかろうか。

問うて曰く、上の御恥辱にもならず、穏便に事の済むというような、別段の了簡はないだろうか。

答えて曰く、さればされば、その事である。すべて世の中のことというものは、右と思えば左、東と思えば西に変わるものである。近来、アメリカ船、ベンガラ船というのが、交易を望んで来たとも聞いている。

ニもあらす、又此　御国内にても、動もすれハ、百姓徒党し、　御府内にても、近き頃ハ、火防鳶の者抔、党を結ひ、喧嘩口論度々に及事、武家風俗衰へし故かと思はれ、恐入たる事なり、心を痛る事計なり、然は何事も指置て、御国元の御固メ有こそ第一なるへし、此故に、先此度ハ十分にハなけれ共、今の内ならハ、取扱方もあるへき也、夫ハ先頃の長崎使節御取扱の不行届きハ、今更すへき様ハなし、此度、夫を名にして、蝦夷地乱妨をなすといふものゝ、左のミ此方の人民を害せしといふ程もあらす、唐太、ヱトロフ島の小屋陣屋を焼、米穀等を奪ひしのみにて、捕へ行し人も大方ハ送り返したると聞、こなたにてこそ御紋付の御道具を奪はれしと承ハ、狼藉乱妨とも思へ共、畢竟、此方の御備へ、兼而手薄く、油断して居たる事故、在合人々上

また、折々には、異国船が漂着というのも、多くは伊祇利須《イギリス》国と見える。また、阿蘭陀は格別に御誓約を申し上げた事があって、から、人情の変態、国力の盛衰は何国も同じことであるから、すべて百年まえに申し上げ、片便よろしきの事であるから、今に変わらないことか、必ず当てにもならないことである。ことに近年、持ち渡るところの荷口がかわり、また船の様子も替わる事と聞いているから、国勢衰え、暎咭唎等に屈伏し、彼も是に替わり、その国の船、その国の人も、また変わって来るなど、いうことでもないか、疑わしいことなきにもあらず、また、この御国内でも、ややもすれば、百姓徒党して、御府内でも、近き頃は、火防鳶の者など、党を結び、喧嘩口論がたびたびに及ぶこと、武家の風俗が衰えた故かと思われ、恐れ入ったことである。心を痛めることばかりである。であれば、何事も指し置いて、御国元の御固めのあることこそ第一であろう。この故に、まず、この度は十分ではないけれども、今の内ならば、

陸いたさせ、勝手次第に致させ、敗走したる事故、腹も立共、始め此方よりの仕向け強くハ、彼ハかく迠にも致スまし、是ハ是、彼等の深意ハどこ迠も交易を望むか宿願也と聞ハ、我国辺備の程も知れぬ事に、何そ最初ゟ如斯勝を取んと思ふへきや、全く此方の油断からして、大敵を受し心地して、敗走せし故の事とみゆる也、彼国ニてハ、此方ニて悪む程の不法とも思へるにもあらさるかもしれす、詰ル所、交易さへゆるし給ハヽ、何もかも故《モト》の如くなして、擒も送り可返と申来せしなれハ、一旦の腹いせ、小児の闘争同然の仕打、彼と是と、其性情の接せさる所より出たる如く見へたり、彼方にハ、何卒事和かに調ひ、交易の道を開たきの望計にて、全く手切して合戦を仕懸る共見へす、併彼の土俗人情、此度の一事にて十分に知れ、薄情の国

取り扱い方もあるべきである。それは、先き頃の長崎使節の御取り扱いの不行き届きは、今更すべき様はない。この度、それを名目にして、蝦夷地の乱妨をなすというものの、たのんでこの方の人民を害したというほどのこともなく、唐太、エトロフ島の小屋・陣屋を焼き、米穀などを奪いしのみのことであって、捕え方に行った人も、大方は送り返したことと聞く。こちらでこそ、御紋付の御道具を奪われたと聞けば、狼藉乱妨とも思うけれども、畢竟、この方の御備え、かねて手薄く、油断して居たこと故、在り合わせの人々が上陸をさせ、勝手次第に致させ、敗走したことであるから、腹も立つけれども、はじめ、こちらからの仕向けが強ければ、彼はこのようにまでにも致さなかったのではないか。是は是、彼らの深意は、どこまでも交易を望むのが宿願である、と聞いているから、我が国の辺備のぐあいも知れぬ事であるから、何そ、最初よりかくの如く、勝を取ろうと思うことだったのか。全くこの方の油断からして、大敵を受けた心地がして、敗

にもあらねハ、夷狄の情を知て、取扱ふこそ可宜や、実ハ互に其実情も分らさる事也、愈彼王命に出たるか、又ハ小境の者共の思ひ企し事か、何れにも海上の氷解し、後通船もなるへき頃、其辺の渡海に馴れたる夷人を土地の案内者とし、物に耐て、且、才気有人を御撰ミ有て、先彼領地カムシヤツカ迠被遣、彼地ハ和語茂通する者あるよしなれハ、荒立さる様に対話問合し、能々其情を聞糺し、扨、彼望所も能聞抜き、鹿忽を陳謝し、偏ニ交易を望む趣ならハ、是迠の事、互に事情の通せさるより行違ひありし、其数を弁利し、全く　御国威の不引様に詞を調へ、一先、交易を許したきもの也、かく通弁能調ひなハ、彼も是迠我国へ可願事、応対文辞言語の通せさる事、得道し、且宿願の成就を幸にして、速に事済へし、但其交易の済事、終るの

走したからであるとみえるのである。彼の国では、この方で悪むほどの不法とも思うようなことでもないかもしれず、結局、交易さえゆるされるならば、何もかも、もとのごとくにして、捕虜も送り返すと、いってきているのであるから、一旦の腹いせ、小児の闘争同然の仕打ち、彼と是と、その性情の接していないところから出たことかと見える。彼方には、何とぞ、事おだやかに調い、交易の道の開きたい望みばかりであって、全く手切れして合戦を仕懸けるのであるとも見えず、それとともに、彼の土俗・人情、この度の一事で十分に知ることができ、薄情の国でもあるわけでもないのであるから、夷狄の情を知って、取り扱うことこそよろしいのではなかろうか。実は互いにその実情も分らないことなのである。そのうえ、彼の王命で行ったことなのか、または、小境の者共が思い企てた事なのか。何れにしても、海上の氷が解けて、のち、通船もできる頃、その辺の渡海に馴れた夷人を土地の案内者として、物に耐えて、かつ、才気ある人をお撰みに

後に根強き夷狄の情不知、是習ひなれハ、又年経る内にハ色々望生し、如何様の難題を申出へきも計られす、其時こそ、手切の一策、合戦に及ふの奇計良薬も有へし、夫迠にハ十年も十四五年も間あるへし、但、此節、事故なきに気撓《たわ》ます、何卒、此間に土民を養ひ、軍兵を調練し、是迠の風俗も御改候様御世話有て、万端整度もの也、其時ハロシヤより攻来る共、彼を防く事足りて、一戦し給ふ共、御勝利を得給ふへき也、此度ハ衰弱の時勢を察し、世を救ひ給ふか第一の御趣意にて、まけて交易を御免被成候ハヽ、御恥辱の様なれ共、其時こそ必らす雪《すゝ》き給ふへし、

又問曰、彼国より已ニ間者を置しなといふにてもあらしや、

答曰、此事ハまた聞す、最初より我国を奪ハん

なって、まず、彼の領地カムシャツカまで遣わされ、彼の地は和語も通ずる者があるよしであるから、荒だたざるように対話・問い合わせし、よくよくその気持ちを聞き糺し、さて、彼の望むところもよく聞き抜いて、鹿忽であったことを陳謝し、ひとえに交易を望む趣ならば、是までのこと、互に事情の通ぜざるよりの行き違いのあったことを弁利して、全く御国威の引かざるように、詞を調え、一先、交易を許したいものである。このように、通弁がよく調ったならば、彼もこれまで我が国へ願うべき事を、応対の文辞、言語の通じなかった事を得心して、かつ宿願の成就を幸いにして、速に事が済むであろう。ただし、その交易の済むこと、終るのちに、根強き夷狄の情は知らず、この習いであるから、また年を経るうちには、色々望みが生じ、どんな難題を申し出るとも計られない。その時にこそ、手切れの一策で、合戦に及ぶの奇計・良薬もあるだろう。それまでには、十年も十四、五年も間のあることであろう。ただし、この際、事故がなくすん

との心底とも思はれす、我邦ハ東辺に有てハ氣候平和、五穀豊穣、五金宿厚の土地なれハ、外国迠も美国の名高く、殊ニ欧羅巴といふ大洲法国にてハ羨み噂する事の由、其中、魯西亜百餘年来、強盛の国となり、諸国通信させる国なく、今ハ、其東北カムシヤツカといふ所迠取弘メ、遂に此邦と隣境ともいふに到る大国となりたれハ、何卒通信いたし度、前にも言如く、我元文の初年ゟ其志を起し、巡検の船も其頃廻せしと見ゆれハ、久敷此地の事を窺ふ事と見えたり、是によりて、延享宝暦の始より、彼領地へ漂流せし船頭等を、其地にて撫育し、文字言語既にして稽古いたさせ候よし、是五十年前の事也、今ハ今日の如く可なりに和語の書簡も送らるゝ程とハなれりと見ゆ、又急度間者と云にもあらされ共、安永の頃、阿蘭陀人江戸拝礼の節に、

だからといって気をゆるめず、何卒、この間に土民を養い、軍兵を調練し、是までの風俗も御改めになるよう御世話なさって、万端、準備を整えたいものである。その時は、ロシヤより攻め来るとも、彼を防ぐ事が足りて、一戦しても、御勝利を得られることであろう。この度は、衰弱の時勢を察し、世を救くわれるのが第一の御趣意で、まげて交易を御免なされれば、御恥辱のようであるけれども、その時こそ必ず雪《すす》がれたらよかろう、と思われる。

また問うて曰く、彼の国よりすでに間者を置いているなどということもあるだろうか。

答えて曰く、この事はまだ聞いていない。最初から我が国を奪おうとする心底とも思われない。我が国は東辺に在って、気候平和、五穀豊穣、五金宿厚の土地であるから、外国までも美国の名高く、ことに欧羅巴という大洲法国においては羨み噂することの由、そのうちでも、魯西亜は百余年来、強盛の国となり、諸国と通信しない国はないとは、其の東北カムシヤツカと

附参りし医者のスバンベルゲと申者ハ、伊勢の幸太夫帰朝のし頃ハ、彼新都にて、医学校の頭役勤て有りしよし、左すれハ、此男など、此国の事様物語れる事も有るへし、全躰ハ物産吟味の為とて、阿蘭陀船に便り、東方諸国を通歴せしよし也、然れ共、彼地方の人なれハ、万事に心を付、国勢風俗迠も意を留て帰国せしなるへければ、今、其国に有て、尋問ふ事もあらハ、却て我辺鄙の船頭の伝へし事にハまさるへき、此人固より魯西亜人と聞えされハ、彼より窺ハせし間者共申難かるへし、今に在てハ、是等も我国事を知るの便としなりたらんか、又明和八年辛卯の頃通船せしベンコローウと同船せし内の人にハ、日本地海に心を留し沙汰もある由聞けり、是のミならす、天文以来欧羅巴洲の人、我国へ往来して、地図を作り、起事を録せりという所まで取り弘め、ついに此の邦と隣境ともいうに到る大国となったから、何卒、通信いたしたく、前にも言ったごとく、我が元文の初年よりその志を起し、巡検の船も、その頃、廻したものと思われるので、久しく、この地のことを窺っているとみえる。これによって、延享・宝暦の始より、彼の領地へ漂流した船頭などを、その地で撫育し、文字・言語をすでに稽古させている由で、これは五十年前のことである。いまは、今日のごとく、かなりに和語の書簡も送ることができるようになったのだと見受けられる。また、きっと間者というわけではないけれども、安永の頃、阿蘭陀人が江戸拝礼の節に、附き随ってきた医者のスバンベルゲと申す者は、伊勢の幸太夫が帰朝した頃は、彼の新都で、医学校の頭役を勤めていた由である。さすれば、この男など、此の国の事様物語れることも有るであろう。全体は物産を吟味するためとして、阿蘭船に便りして、東方諸国を通歴している由である。しかしながら、彼の地方の人であるから、万事に心を付け、聞ゆれハ、夫等を伝聞して、魯西亜も兼て我国の荒増知り合る事多かるへし、つら〳〵と案するに、彼ハ万国交易の事を求めんとする大趣意にて、あなかち、此国を奪はんとするの患も有ましきが、蝦夷の奥島を侵掠せしハ、先年迠ハ是といふ領主の有事なけれは、漸々取弘めしなるへし、かく　日本地へ近寄、本邦と隣境となりたるとハ、益、隣好を結ひ、其諸地の民をハ養ふ為に、我々信義を結ひ、交易を求むる事なるへし、然れ共、其源意ハ推測り難けれハ、少しも油断ハなるへからす、扨、此間者といふ事もあるましき事もあらす、元兵の　我国を窺ふ時ハ、禅僧を間者に入置候由、又秀吉公の朝鮮を攻るにも、前方に間者を入置候由、彼地ニ而著せし隠峯野史別録といふ書に見へたり、然ハ、太閤よく朝鮮の事情を知り、其後兵を向られし

国勢・風俗までも意に留めて帰国しているはずであるから、今、その国にあって、尋ね問うこともあったならば、かえって我が辺鄙の船頭の伝えた事にはまさるものはないであろう。この人はもとより魯西亜人と聞こえているのではないのであるから、彼より窺わせた間者ともいいがたいであろう。今にありては、是らも我が国の事を知る便りとしたものなのかもしれない。また明和八年辛卯の頃、通船したベンコローウと同船したうちの人には、日本地海に心を留めたという沙汰もある由と聞いている。是だけでなく、天文以来、欧羅巴洲の人、我が国へ往来して、地図を作り、起事を記録したと聞えているから、それ等を伝聞して、魯西亜もかねて我が国のあらましを知っていることの多いことなのであろう。つらつらと案するに、彼は万国交易の事を求めようとする大趣意で、しいて、この国を奪おうとするの患もあるわけはないだろうが、蝦夷の奥島を侵掠したのは、先年までは、これという領主もいなかったからで、漸々取り弘めたことなのであろう。

事と見ゆ、夫故、其後ハ　我邦百練の兵を一度に被渡、殊ニ其頃迠にハ彼にハ鉄炮といふものなく、何か棒の様なる物より音高く、火の玉飛出ると、向ふ兵、忽落命せし故に、天兵の降りし様に心得、軍兵共、恐怖して、一時に敗軍し、朝鮮の八道、初度の戦に悉く破れし由承り伝へし事なり、魯西亜とても、其如く　我国地海の理を兼て弁知し、如何様の便りなる兵器有ルかもしらす、又軍法合戦の模様、いか様の簡便捷経の事あるか知らす、其事躰もしらす、漫に向て戦を交へんハ、是そ遠慮なきの類なるへし、よし運能一端勝利を得たる共、夷狄の風俗ハ此地にて伝へし如くの恥戦しても、恥とおもはす、信長の長篠合戦の様に、我兵を不損様に用心し、敗れハ遠く迯け、又集て攻掛り、只しつこく合戦して、往々の勝を勝とする様に承

このように、日本地へ近寄り、本邦と隣境となったことは、ますます、隣好を結び、その諸地の民をば養うために、我々と信義を結び、交易を求めていることなのであろう。しかしながら、その源意は推し測ることがむずかしいので、少しも油断することはできない。さて、この間者ということもないこともない。元兵が、我が国を窺ったときは、禅僧を間者に入れておいた由である。また、秀吉公が朝鮮を攻めるにも、前方に間者を入れ置かれた由である。彼の地で著わされた隠峯野史別録という書に見えている。だから、太閤がよく朝鮮の事情を知り、其の後は兵を向られたこととみえる。それ故、その後は、我が邦の百練の兵を一度に渡らせ、ことに、その頃までには、彼には鉄炮というものはなく、何の棒のような物よりも音が高く、火の玉が飛び出ると、向う兵が、たちまち落命したというから、天兵の降って来たような気持ちで、軍兵共が恐怖して、一時に敗軍となって、朝鮮の八道、初度の戦いに悉く破れたという由を承り伝えられた事であった。

れハ、一旦利勝ある共、来ル年も〳〵寄せ来ルへし、然ル時ハ、兼て国財に不足せし東国大名、年々の戦に軍役労れ果、内証も尽果る時ハ、無是非軍役御辞退申さんより外あるへからす、其時に到りてハ、二百年来大禄を下し置れし家の事、其分ニも差置れ難かるへし、然ル時ハ、恐らくハ内乱生すへしよし、其時　上より御恵ミ被下共、度々の事に及ハヽ、同しく国財不足し、御手の届ざる事も有へし、左ある時ハ、自然と、　御国勢挫け可申、又御不運ニて勝利を得さる時ハ、朝鮮度の戦の如くにして、其御恥辱臍を噬共、及ふへからす、是御大切至極の所と存知すれハ、何れにも一先交易御免有て可然存する也、併我国内の人、御腑甲斐なき程に存する者も有へけれと、夫ハ内々の儀、固より
上にても御好無之事、世上にて茂聞知る事な

魯西亜であっても、その如く、我が国の地海の理を兼ねて弁知し、いか様の便りになる兵器があるかもしれず、また軍法・合戦の模様もしらず、漫りに向って戦を交えようとするのは、是を遠慮のない類というべきである。よし、運よく一端勝利を得たとしても、夷狄の風俗は、此の地で、伝えている如くの、恥戦しても、恥とおもわず、信長の長篠合戦のように、わが兵を損せざるように用心し、敗れれば遠く逃げ、また集まって攻め掛り、ただしつこく合戦して、往々の勝を勝とするように聞いているから、一端利勝があっても、来る年も来る年も寄せて来るであろう。そのような時は、前から国財に不足している東国大名、年々の戦いに、軍役がつかれはて、内証も尽きはてるときは、是非なく軍役を御辞退申し出るよりほかはないであろう。その時に到っては、二百年来の大禄を下し置かれた家のことであるから、その分にも差し置くことができなかろう。そのような時は、恐らくは内乱が生ずるよしで、その時上より御恵みを下されても、度々に及ぶならば、

から、時勢により、万民の為不得止事、御許し被遊候よしの御実意、下へ通りなハ、諸人都て難有と可奉存事也、

問曰、仰ハ尤に聞へて候、然らハ、交易御許有之てこの後、此方の兵気可立直の手段如何して可然ルや、

答曰、是始に中中興の御政にて、　東照宮の御遺訓に、武士の不用之　古田廃といひ、好き武士の如きを新田発と　上意の御譬の如くなる、場所にて到て難行事なるへし　　上にも中興の御時節と思召、目覚敷御政事不被遊候てハ、御用立候程に武備相調申まし、先第一の所ハ、御国用なり国用不足する時、武備に万事も不調ハ勿論なり、然ルに、御先代の頃より、種々の御事にて、御国財多く、御不足になりたるよし也、其後　　御当代に到りても、京都の大火を始、

同様に国財が不足し、御手の届かない事もあるであろう。そのような時は、自然と、御国勢が挫けるであろうし、また御不運にて勝利を得ないときは、朝鮮度の戦いのごとくにして、その御恥辱は臍を噬むとも、及ぶことができない。是が御大切至極のところであると存じますから、いずれにも、ひとまず、交易御免あって然るべきと存じます。しかし、わが国内の人、御腑甲斐なき程に思うものも有るであろうけれども、それは内々のことで、もとより、上においても、御好み無きの事、世上にても聞き知る事である。時勢により、万民のため止むを得させられての事、御許しになる御実意、下へ通ったならば、諸人すべて有り難くと存ずる事である。

　問うて曰く、仰せは尤もに聞こえるけれども、然らば、交易御許し有てのち、此の方の兵が気を立て直すべきの手段は、どうしたらよいであろうか。

　答えて曰く、これ、始めに云った中興の御政であって、東照宮の御遺訓に、武士の、不用の古田発といい、

所々の御普請、殊に近来、蝦夷地御開発ニ付、年々の御国財の費る事、傍より伺ひ見ても夥しき事に奉察也、然し、此所に不足有時にハ、彼所を減して補ハされハ、国財不足するハ知れたる事なり、然ルに　上の御仕なしハ、一も不改、先例古格を宗として、其侭差置候事故、御勝手にかゝれる御役人、其費を補はんと、様々に骨を折、智を運らし、御貸附金七分金御用金抔と名付、大火の後、間もなく、下の金を上へ御引き上ケなさるゝ様に仕向奉る故　上へ仁恵の御徳分不付、御不徳の現ハるゝ様に奉存事故、人氣以の外不宜心服する者少し、是等に因て益々御国用不足になり行やう也、当時の御規定と申もの、御国初ゟの事なるにや、恐らくハ次第〱に御手重ニなり、中古より起りし事多かるへし、仮令ハ　東照宮大坂御出陣の時ハ、

好き武士の如きを新田発と、上意の御譬いのごとくである場所で、難行な事であるであろう。

上にも中興の御時節と思われて、目覚しい御政治をなさらないでは、御用立つ程に武備が相い調ったとは申されないであろう。先ず、第一のところは、御国用である。国用が不足するとき、武備に万事も調わざるは勿論、しかるに、御先代の頃より、種々の御事で、御国財多く御不足になった由である。其の後、御当代に到っても、京都の大火をはじめ、所々の御普請、殊に近来、蝦夷地御開発に付き、年々の御国財の費ること、傍より伺い見ても夥しきことに察していることである。しかし、このところに不足のあるときには、彼の所を減じて補わないと、国財が不足するのは知れたことである。しかるに上の御取り扱いは、一つも改まらず、先例古格を旨として、そのまま差し置いていることであるから、御勝手にかかる御役人、その費を補おうと、様々に骨を折り、智をめぐらし、御貸し附け金、七分金、御用金などと名付け、大火の後、間もな

何かに御長持一ツ御膳部の御用として、干鯛二枚、鰹節三本、御持セ遊せし由、近くハ　有徳院様の頃ハ、御鷹野先、御長持一ツ二ツにて事ハ弁せし由也、然ルに近頃ハ、御鷹野先へ為持給ふ御長持も、数多き由、ケ様の事にて考合すれハ、差て定れる事共見えす、只時々の模様次第に定められしか、先例古格となりたるなるへし、扨、其御役にかゝる人々も、一役切に一日の勤向を間に合せ、少しニても間違のあれハ、如何なる仕損しの様も、手違ひといはれ、上よりの御咎を受るが恐しさにグジ〳〵と無益の事に手間をとり、御用を弁する様に成り行、只其役中、手違のなきを専一とし、後役の難儀、下痛むも不構、少しにても御益の付様にして、立身するを専一とする風俗となりたる様なり、然ルにより、先年房州へ南京船の漂着せし時も、

く、下の金を上へ御引き上げなさる様に仕向け奉るゆえ、上へ仁恵の御徳分が付かず、御不徳の現われるように存じます事ゆえ、人気は以てのほかよろしからず、心服する者が少ない。是等に因って、ますます御国用が不足になり行くようである。当時の御規定というものの、御国初よりの事であるのか、恐らくは次第次第に御手重になり、中古よりはじまった事が多いと思われる。たとえば、東照宮が大坂御出陣のときは、何かに御長持一つ、御膳部の御用として、干鯛二枚、鰹節三本、お持たせになった由。近くは、有徳院様の頃は、御鷹野先に、長持一ツ、二ツで、事は足りた由である。しかるに、近頃は御鷹野先へ持たせられる御長持も、数多き由である。このような事で考え合わせてみると、さして定まった事とも見えず、ただその時この模様次第に定められたものか、先例、古格となったことであるらしい。さて、その御役にかかる人々も、一役切りに、一日の勤め向きを間に合わせ、少しでも間違いのあれば、いかなる仕損じの様にも、手違いといわれ、

何のせんき此吟味とて手間取、漸一日か二日にて行るゝ場所へ、日数経て、御役人参着のやう也、近くハ当春も挑子浦へ唐船漂流せしも、同し轍の長評議に日数を送り、正月より着し唐船を、漸く六月に御帰しありし様の事也、此趣ニてハ、万々一、魯西亜船にても寄来らハ、如何可成や、先外国へ対し、御政事の不行届き、埒の明ざるやうにて、御外聞如何はかり気の毒至極ニ奉存也、右様の無益の事に、日数重りて、御国用費る事も多き事と見へたり、殊ニ朝夕の御台所、大奥御費、実不実ハしらね共、世間にて中触らす通りなれハ、夥しき事ニ奉存也、聞ハ聞程けしからす、驚入たる御義共也、元より天下を知し召給ふ御長者の事なれハ、大様なるハ勿論なれ共、是も昔とハ甚相違なる事と見へたり、　大猷院様、日光社参の節、春日の御

上よりの御咎めを受けるのが恐ろしいため、グジグジと無益の事に手間をとり、御用をするように成り行く。ただその役中、手違いのないことを専一とし、後役の難儀、下が痛むもかまわず、少しでも御益の付く様にして、立身することを専一とする風俗となってしまった様である。このようであるので、先年、房州へ南京船の漂着したときも、何の詮議、此の吟味といって手間取り、漸く一日か二日で行ける場所へ、日数を経て、御役人が参着した様子である。近くは、当春も銚子浦へ唐船が漂着したけれども、同じ轍の長評議に日数を送り、正月より着いていた唐船を、ようやく六月に御帰しになった様な事である。こんな趣では、万々一、魯西亜船でも寄せ来たったならば、如何になるや、先ず、外国へ対し、御政事の不行き届き、埒の明かないようなことで、御外聞が如何ばかりであるかと気の毒至極に存じるのである。右のような無益の事に、日数重なりて、御国用が費る事も多き事とかと見える。ことに朝夕の御台所、大奥の御費、実不実はしらないけ

局と申か御供なりしに、乗り懸ケ馬にて御越のよし、其節御宿申せし野州朽木と申所の大屋瀬兵衛と申者の方へ御土産に、茜木綿一反白木綿一反下されしを、今に持伝へ候由、見し人の語りたり、然ルに今の軽き御奉公人の鳥渡したる手土産ニも、御城風とて、数々細工もの、烟草入類を贈り給ふとなり、是等を以て見れハ、其結構おもひしるへし、ケ様にてハ、何程の御財用あるとても、御不足ハあるはつ也、古より明主と奉申ハ、唐も　日本も、麁食粗服し、殊ニ後宮の事を減するを、わけて美談となす事也、何卆、右等の所共を御改革有て可然ルなして、不叶者ハ格別、餘ハ一々に御吟味有て、惣して損しも破れもせさるものゝ、年々新になるか御例といふ程なる事を止にし、或ハ不饑ハ事すむ所の御台所御料理の類を、先年河合次郎兵衛申

れども、世間でいい触らしている通りであるならば、夥しい事である。聞けば聞くほどけしからないことで、驚き入りたることどもである。もとより、天下をしろし召し給う御長者の事であるから、大様なるは勿論であるけれども、是も昔とは甚だ相違している事と見えている。

大猷院様が日光社参の節、春日の御局と申すが御供であったとき、乗り懸け馬で御越しであったようで、その節、御宿をした野州朽木という所の大屋瀬兵衛という者の方への御土産に、茜木綿一反、白木綿一反下されたのを、今に持ち伝えている由、見た人の語っていることである。しかるに、現在の軽き御奉公人が鳥渡した手土産にも、御城風といって、数々の細工物、烟草入れの類を贈られるということである。是らをもって見れば、その結構を思い知るべきである。この様であっては、いか程の御財用があっても、御不足はあるはずである。古より明主というのは、唐も、日本も、麁食、粗服をし、殊に後宮の事を減ずるを、わけても

上し如く、御茶漬といふやうニなし度きもの也、ケ様の事迄、一々御改あらハ、一年の御入箇半分か三分二は減すへし、然ハ御国用ハあり餘る程出来ぬへし、上にハ御存なき事と存すれハ、此節の様なる危事を一々達し、　上様御自身にも御身を詰られ、為諸民の御倹約被遊度事也、それを諸奉承知候ハヽ、いか計り奉心服候て、人心の引立にも可相成事と奉存候也、ケ様の事ハ固より　上ニハ御存なき事なるへし、願ハくハ、無遠慮十分御聴に入たきもの也、人々の心により、右様の事申上候てハ、無益に御苦労をかけ候事と、老婆深切の心の様に、一日切に御機嫌能を第一とし奉るハ、是上を大切に思ふ人臣のする道にあらさるへし、夫といふも、打続たる太平故、人気の衰へより出る事なるへし、又先祖のかけにて代々莫太の高禄を頂戴し、大

美談とすることである。何卒、右等のところどもを御改革になってはどうかと、叶わざるものは格別、余は一々に御吟味されて、惣じて損じも破れもしていないものを、年々新にするのが御例という程であることを止めにし、あるいは不銭は事すむところの御台所の御料理の類を、先年、河合次郎兵衛が申し上げたごとく、御茶漬けというようにしたいものである。このようなことまで、一々御改められれば、一年の御入箇が半分か、三分の二は減ずると思われる。そのようにしたならば、御国用はあり余るほど出て来るであろう。上には御存知ない事とすれば、この節のような危事を一々達し、上様御自身にも御身を詰められ、諸民のための御倹約をなされたいことである。それを諸人が承知すれば、どれほどまでに心服して、人心の引き立てにも相い成るべき事かと存ずる。このようなことは、もとより、上には御存知のないことであるであろう。願わくば、無遠慮十分に御聴に入れたきものである。人々の心によって、右の様な事を申し上げては、無益に御

名に育ちし人も、又同し様に其臣下に大様にのミ仕立られし事なれハ、到て下情に疎し、如何程発明にても賤しきもの程にハ、下の事ハ知り給はす、何事も不案内にて下より申事のミ実と思ひ給ふ輩、頭立給ふ所へ銘々立身出世のミ心にかけ、国礼にうとき輩か、其人々の耳にも入す、たま〳〵無據事計耳に入るゝにも、是ハ小事、此位いの事何事の候へき、能様に取成しいふ故に、いつとても評議片付さる事のミ多きと見えたり、世間にて諷諫ともなるへき悪口の狂哥落首共申触し候ても、其人々の聴には入さる事故、自身の非も知り給ハぬ事と知らる、何卒、此様なる弊を直すを急務となしたき者なり、其工夫様々ある也、けれ共、大名と三千石以上ハ格別にして、差置、先改めたきハ御備の元たる御旗本御家人の分、早々御用に立様になし度も

苦労をかけることと、老婆深切の心のように、一日切りに御機嫌よくを第一としているのは、これ、上を大切に思う人臣のする道ではない、それというのも、打ち続いた太平ゆえ、人気の衰えより出る事であるというべきである。また先祖のお蔭で代々莫大の高禄を頂戴し、大名に育った人も、また同じ様にその臣下に大様にのみ立てられた事であるから、いたって下情に疎い、いか程発明であっても賤しいものほどには、下の事は知ることがない。何事も不案内で、下より申すことのみ実と思われる輩が、頭立った所へ、銘々が立身出世のみ心にかけ、国礼にうとい輩が、その人々の耳にも入れず、たまたまよんどころない事ばかりを耳に入れるにも、是は小事、このくらいの事は何事のことがあるかと、よき様に取りなしいうことから、いつとても評議が片付かない事のみ多いと見える。世間にて、諷諫ともなるべき悪口の狂歌、落首とも申し触らしても、その人々の聴には入らない事ゆえ、自身の非もお知りにならないことかと知られる。何卒、このような

の也、總て人情の常態、妻子に心引るゝなれハ、是に心不引を始となし、たゝ昔ハ何事かある時は人質郭とやらいふ者有て、不残、上にて御養ひ被下候様に承伝へたり、当時太平打続き、人別格別に増したる所の、御人の妻子共なれハ、何事そ有てハ、中々御養ひ可被成御手当ハ難行届事と存する也、然ルに、其侭に指置るゝ時ハ、何そ事起りし日ハ、皆々其者共、忍別れて用ニ難立かるへし、然は迚て、御家来の御事故、俄に御見捨なり難かるへし、此故に御改革の始に、先此者共の妻子を其知行々々へ引越被仰付、田舎住居に仕、又、御蔵前取に候ハヽ、是又能様に、勘弁を付て、是も田舎へ引越させ、住居させ度者也、其身計りハ江戸在勤してありなハ、各々氣分落着き、身軽に相成、気力堅固に相成可申、左様無之内ハ、万々一近国の海辺、豆州

弊を三千石以上は格別であって、差し置き、先ず改めたきは御備えの元である御旗本・御家人の分、早々御用に立つ様にしたいものである。總じて、人情の常態、妻子に心引かれることであるから、是に心を引かれないことをはじめとして、ただ昔は何事かあるときは、人質郭とやらいう者が有って、のこらず、上にて御養い下されているように承っておる。当時は、太平が打ち続き、人別・格別に増した所の、御人の妻子共であるから、何事ぞ有っては、中々お養いならるべき御手当は行き届き難き事と存ずるのである。しかるに、そのままに指し置かれるときは、何か事が起った日には、皆々その者共、忍び別れて、用に立ちがたいことであろう。だからといって、御家来のことであるから、にわかに御見捨てにはなり難いことであろう。この故に、御改革のはじめに、先ず、此の先のことをおもって、妻子を、その知行知行へ引っ越しを仰せ付けられ、田舎住居にして、また、御蔵前の所であったならば、是また能きように、勘弁を付けて、是も田舎へ引っ越さ

房州あたりの沖なとへ、異国船見へ、石火矢の二ツも打なハ、江戸中、上下の騒動、如何計にて、其節ハ、兼て為御用心之被差置候人質却て足手纏ひに相成、御厄介至極ニ奉存候也、右之如く、諸旗本田舎住居に相成候ハヽ、武士の筋骨逞く、自然、質素の風俗に相成、御用に立可申候、其時ハ、徒士仲間の類は昔の土着の姿の様に相成候て、各用立可申、其時こそ武備も備はり可申候、只其当人ハ、何番といふ番合を定め、御当地へ相越、御用を勤め、其非番の節ハ、武辺修行少茂無油断様ニ致候ハヽ、身軽の事故、心持も能く、自分氣象も宜可相成候、且御家法の武備調候上、御人数の懸引等も具鐘、太鞁等を常々御習はせ置、折々　上覧被遊候て宜事と奉存なり、且　上覧の事、いつ有ルと、前々に不被仰出、明日とか、明後日とか、不時に被仰

せて、住居させたいものである。その身ばかりが江戸在勤しているのであれば、各々、気分が落ち着き、気軽くなって、気力堅固になるというべきで、そのようでないうちは、万々一、近国の海辺、豆州・房州あたりの沖などへ、異国船が現われ、石火矢の二ツも打ったならば、江戸中、上下の騒動、如何ばかりであるかと、その節は、兼て御用心のため、差し置かれる人質がかえって足手纏いになって、御厄介至極であると存じているのである。右のごとく、諸旗本が田舎住居になるならば、武士の筋骨がたくましくなって、自然に、質素の風俗になって、御用にも立つというべきである。そのときは、徒士仲間の類は、昔の土着の姿の様になって、各々用立つというもので、そのときにこそ武備も備わるというべきである。ただその当人は、何番という番合わせを定め、御当地へ相越し、御用を勤め、その非番の節は、武辺の修行を少しも油断なきように致したならば、身軽の事故、心持ちもよく、自分の気象もよくなるであろう。かつ御家法の武備が調ったうえ、

出、いかなる急卒の御間も合候様、馴習ハし置度者也、鹿狩抔も、田舎にて致候様、厳敷逐立、手強く仕度もの也、惣て危に馴不申候てハ、士気ハ不引立事と存る也、扨、当時、田舎住居被仰出候事ハ大事故、無差懸り難儀にて、未練の輩ハ田舎を嫌ひ、家を捨て立退候者も出来可申也、迚ても左様の者ハ御用にも不相立候間、御棄被成候ても宜敷事と被存候、將又軽き御譜代の者も、多ハ内々株を売払ひ、代々続候者も、少しニ相成様に承る、是表向定法にさへ叶ひ候得は、事済候事故、ケ様の類ハ猶御吟味有て、御用立候者計り残し、御入替に相成候も不苦事と存候也、左候ハヽ、一方の御用に相立候者も出来可申、然ル時ハ、万一異国ゟ攻来候事有り共、此類を先に立候ハヽ、死を共にし、相働可申、左候ハヽ、其上に立候者も之ニ恥ち、士気勝り可申候、是士氣復古ニの一助

御人数のかけ引きなども、具、鐘、太鞁などを、常々習わせておき、折々上覧遊ばされて宜き事と存じられる。かつ、上覧のこと、いつあると、前々に仰せ出されず、明日とか、明後日とか、不時に仰せ出され、どんなに急卒の御間であっても、間に合うよう、馴れ習わせて置きたいものである。鹿狩なども、田舎で致すよう、厳敷く、逐り立て、手強くしたいものである。惣て、危うきに馴じんでいないと、士気は引き立たないことであると存ずるのである。

さて、当時、田舎住居を仰せ出されることは大事であるからさぞ差し懸り難儀で、未練の輩は、田舎を嫌い、家を捨て、立ち退く者も出て来るということである。とてもそのような者は御用にも相い立たないから、御棄てになっても宜しいことかと存じます。あるいは、軽き御譜代の者も、多くは内々株を売り払い、代々続いている者も、少しになるように聞いている。これは表向き定法にさえ叶っていれば事すむという事であるから、この様な類いはなお、御吟

と奉存候也、扨又、諸大名三千石以上の分、其奥方ハ如古例の江戸に被差置、其家中倍臣の妻子ハ皆々主人〳〵之領分へ引取候様被仰出候ハヽ、是又用立候家来も出来可申、大名の大身遠国の倍臣にハ、少しハ古風の残候者も候得共、小身の大名の家来共ハ皆柔弱至極にて、用に立候者ハ少く候、是も江戸の風儀直り候ハヽ、同しく風俗も相改り、自然と　日本国中、武風頼母敷相成可申候、扨、又魯西亜ハ御法度の宗旨の由故、十年十四五年も過候内にハ、此国の愚民邪宗を信し、国害を生し候端共可相成哉と疑ひ候者可有之也、然し是ハ如何様共、厳に御制度相立候ハヽ、其患ハ無之事と被存候也、尤、仕方掟の立方も可有之、又十年程の内にハ漸々馴来りし武家風俗可難直と不審致候者も可有之候、是も仕方次第に直る事と見へたり、昔　日本国中、争乱の時、対馬の国ハ離れ島故、

味があって、御用立つものばかり残し、御入れ替えになっても苦しくないことと存ずるのである。そのようであったならば、一方の御用に相い立つ者も出て来るというべきで、そのような時は、万一異国より攻め来ることが有っても、この類を先きに立てたならば、死を共にし、相働くというもので、そのようであれば、その上に立つ者もこれに恥じて、士気が勝るであろう。この士気復古の一助にと存ずるのである。さてまた、諸大名三千石以上の分、その奥方は古例の如く江戸に差し置かれ、その家中、陪臣の妻子はみなみな主人主人の領分へ引き取りているよう仰せ出されれば、これまた用立つ家来も出て来るというもので、大名の大奥、遠国の陪臣には、少しは古風の残っている者もあるが、小身の大名の家来共はみな柔弱至極であって、用に立つ者は少なく、是も、江戸の風儀が直ったならば、同じく風俗も相改り、自然と、日本国中、武風が頼もしくなるというものである。さて、また、魯西亜は御法度の宗旨

武士皆合戦といふ事を不知、悉く柔弱にて、物の用に難立かりしに、太閤秀吉公の朝鮮合戦の時、対馬へ先手申付られしに、其頃の太守の工夫にて、古城を廃し、今の城を急に築れ、武士に土持石持為致候所、四五日に用立程ニ相成、他国の兵と同しく、朝鮮にても、戦をなせしよし、対馬人の聞伝へし由承りたる、古と今と替りなし、同し天地にて、月日も同し月日、人も同し人なれハ、教次第になる事と見へたり、加藤清正の家来ハ、石垣を作る事に上手多き中に、物師の名ありし、何の角兵衛とかいふ男ハ、殊ニ勝れたりと也、然は筋骨の固まる為にハ、今の武士に此等の事を被仰付候而も、恥にハあらぬ事と存る也、扨、武家右之通相成候ハヽ、御城下の町人共にハ、商売少く、暮し方も難儀すへき事也、併、是ハ主人といふ者もなくて、一人〳〵の事故、相応に己れ〳〵の身の由であるから、十年、十四、五年も過ぎるうちには、此の国の愚民が邪宗を信じ、国害を生じ、是はどんなになろうとも、厳に御制度が立つのであれば、その患いはないことと存ぜられることである。もっとも、仕方、掟の立て方も有るであろう。また十年ほどの内には漸々馴れ来たった武家の風俗も直りがたいことを不審に思う者もあるであろう。これも仕方次第で直る事と見受けられる。

昔日本国中、争乱の時、対馬の国は離れ、島であるから、武士はみな合戦という事を知らず、ことごとく柔弱で、物の用に立ちがたいので、太閤秀吉公の朝鮮合戦のとき、対馬へ先手を申し付けられたのに、其の頃の太守の工夫で、古城を廃し、今の城を急に築かれ、武士に土持ち、石持ちを致させたところ、四、五日に用立つほどになり、他国の兵と同じく、朝鮮でも、戦をした由、対馬の人の聞き伝えた由を承った。古と今と替りはない。同じ天地で、月日も同じ月日、人も同じ人であれば、教え次第にな構し田舎へなり共、又ハ近国へなり共、心〳〵に引取可申、然ハ江戸ハ俄に淋しき様ニ可成なり、夫こそ能事と存る也、已に国初頃ハ、町数八百八丁にて事すミ候事と見へたり、夫かいつとなく、新地を築出し、新町をまし、今ハ弐千六百何十町餘、七百近く有る由也、去ルにより、人に人か重なり、渡世なり難く、色々奸計を廻らし、人の好様なる新製の物を作り出し、人の氣に入様に仕懸、自然と奢り、増長し、今の姿となりし事と見へたり、然ハ一旦淋しき様になりたりとて、左のミ御当代の恥とも不存、昔の江戸姿と存る也、何れの代も太平続し時ハ、四民奢り長し、風俗悪しくなる由也、上代、度々都を遷せしも、人々の奢を止むるの一策にて有りしと承りたり、況や人を減少する迠の事也、已に　有徳院様の御時、江戸餘りに繁花過けるニ付、室新助存寄を申上候処、

る事と見えている。加藤清正の家来は、石垣を作る事に上手が多いなかで、物師の名のある、何の角兵衛とかいう男は、殊に勝れたということである。だから筋骨の固まるためには、今の武士にこれらの事をお命じになっても、恥ではない事と存じているのである。さて、武家が古の通りになれば、御城下の町人共には、商売少なく、暮し方も難儀すべき事である。しかし、是は主人という者もなくて、一人一人の事であるから、相応に、己れ己れの身構えた田舎へなりとも、また、近国へなり共、心々に引き取り申すべきである。であれば江戸は俄に淋しいようになるのである。それこそよき事と思われるのである。すでに国初の頃は、町数が八百八丁で事が済んだこととみえる。それが、いつとはなく、新地を築き出し、新町を備えて、今は二千六百何十町余、七百近くある由である。だから、人に人が重なり、渡世が成りがたく、色々奸計を廻らし、人の好む様な新製の物を作り出し、人の気に入る様に仕懸け、自

上にも御同意にて、諸大名在国一年半、江戸半年詰と可被仰出、一段に相成候処、又新助申上候義有之、追て御時節も可有之と申上候ニ付、相止候由承置事有、此節抔、其改革の時と奉存也、然ル時ハ、諸色の価も引下ケ、風俗も相改り、万事質素に相成、人物も直り可申、左様有之候て、風俗若がへり　御代ハ益々御長久と被存候也、右等の事を御中興の大本と致候ハ、、又色々良計良薬も可有御座と奉存候也、勿論、ケ様の大事ハ、卑賤鄙夫の料簡の及ひ可申儀にハ無之候、多くの大名の内にハ賢明の人も有へし、賤人ハ其身相応に小量の者故、深慮遠謀ハ無之者也、大名ハ高位に生れし御身故、賤人の不及所の了簡もあるへし、其御登用被遊、早々御定被成候様致度者也、但上にてハ、其人物一々ハ御改無之事と被存也、是ハ諸人に被仰付人々噂に承り及、或ハ存候て賢者と

然と奢り増長して、今の姿になったこととみえる。しからば、一旦、淋しいようになったとしても、だからといって、御当代の恥とは考えられず、昔の江戸の姿である、と思われる。何れの代も、太平が続くときは、郷民は奢り長じ、風俗が悪くなる由である。上代、度々都を遷した人々の奢をとどめるの一策であったと承ったことである。状況が減じただけのことである。すでに有徳院様（八代吉宗）のとき、江戸があまりに繁華なため、室新助（室鳩巣）が存寄を申し上げたことがあって、上様においても、御同意で、諸大名の在国一年半、江戸在府半年にちぢめることを仰せ出され、一段とよくなったところである。また、新助が申し上げることがあって、追々、御時節（好機のとき）ありましょう、と、申上げたばかりで、相い止んだ由を聞き及んでいたことがあった。此の節などは、其の改革の時と存ぜられる。然る時は、益々御長久と存ぜられるのであります。右等のことを以て、中興の大本と致して、いろいろ良計策もあるだろうと思

存候人も可有之、其人之分、名前相認、密封仕、差上候様為仕候ハヽ、自然と智慮有之候人物茂相分可申、其内の人望多き方に御定被遊候方宜奉存候、是も旧条にかゝはり、御譜代ならてハと申事ニ無之、外様の者にても無御構、御用に可相立者御撰挙有之、何レにも旧弊相改り国家も長久の御計ありたきもの也、既に　大猷院様の御時、以前、関ケ原御合戦に御敵対仕候立花左近将監なと、御夜詰の御相手に被召し例も有之、況や弐百年奉蒙御国恩、外様の者にても、其子孫として、可被損異心も少も有之間敷、不吉義と被存也、昔ハ御役勤め者計に無之、ケ様武家衰へさる時節てさへ慶安に松平能登守、万治に堀田上野介抔ハ多き知行を棄、　上の御為に存寄申上しには、御譜代の大小名、代々御厚恩を蒙りなから、此節の時世を見なから、何の了簡も無之哉と常々領分の百姓

われる。勿論、このような大事は下賎鄙夫の料簡の及ぶことでもないことはある。多くの大名のうちには、賢明の人もおありであろう。賎人はその身相応に小量の者であるから、深慮遠謀はないものである。大名は高位に生れた御身であるから、賎人の及ばない了簡もあるであろう。その人を御登用になって、早々、御定めなされるように致したいものであります。ただし、上においては、その人物を一々お改め(おたしかめになることも)ないと思われる。これは、いろいろな人に命じられ、人々の噂も承りおよんで、或は改めて、賢者と思う人もあると思われ、その人の分名前を認めて、密封して差し上げるようさせられるならば、自然と智慮のある人物と分ると思われ、そのうちの人望の多い方々を御立てになる方が宜しいことかと存ぜられます。これを心に染めて、あるべき間、御譜代ならではと申す事も無ば、外様の者でも御構なく御用に立つ者をお撰びになって、何にても、有弊改まり、国家長久の御計がありたいもの

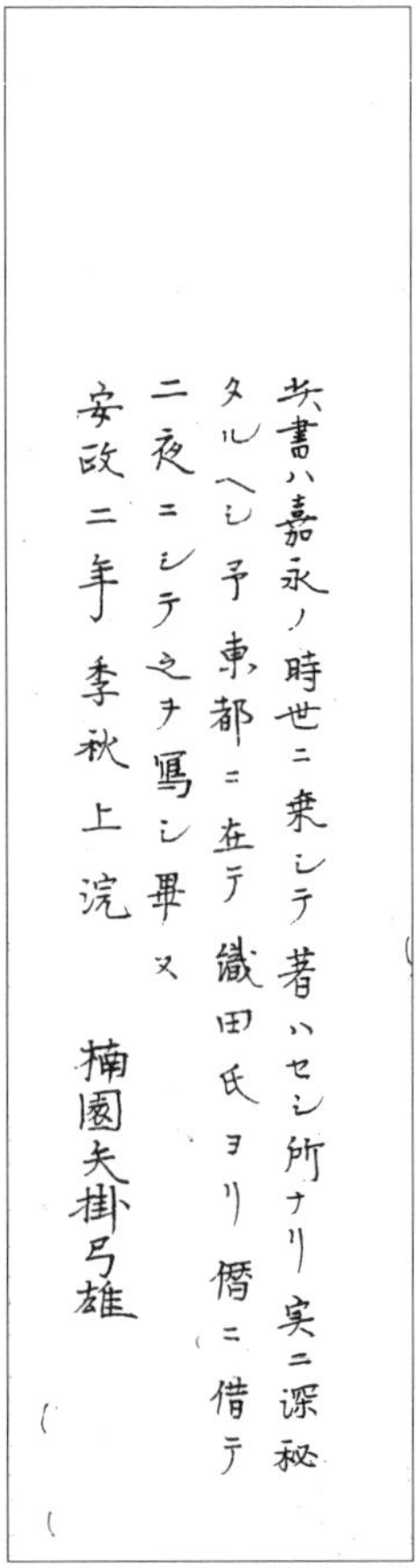
此書ハ嘉永ノ時世ニ乗シテ著ハセシ所ナリ実ニ深秘タルヘシ予東都ニ在テ織田氏ヨリ僭ニ借テ二夜ニシテ之ヲ写シ畢ヌ
安政二年季秋上浣
楠園矢掛弓雄

図6　『野叟独語』大尾の附記（写本、片桐一男蔵）

の育にて生立ち、其作り立し米穀の収納を以て奢を極め、世ハ万代も如此きものと思ひうかり〳〵と日を暮し、此の時節、誰壱人身を捨て存寄を申出しといふ人、今日迠も不聞ハ実に末世と申なから、餘り浅間敷世の中ならすや、我老耄せし思ひ過しか、生付愚なる心の迷ひか、　有徳院様の御代より、既に七十年来、世の奢増長し、士風次第〳〵に衰るをつく〳〵と詠め居る内に、近来の天変地妖魯西亜の沙汰を聞ハ、実に夜の目寝られす、然ハ迚、我ら如きの者、ケ様の事を言出レハ、

である。すでに、大猷院様の御時、すでに関ヶ原御合戦に御敵対していた立花左近将監など、御夜詰の御相手に召された例もある。いわんや二百年来も御国恩を蒙っている外様の者でも、その子孫として異心をはさむことは少しもあるわけはなく、苦しくないことと思われる。昔は御役勤めの者ばかりにではなく、この様に武家の衰えた時節においてさえ、慶安に松平能登守、万治に堀田上総介などは、多き知行も取り、上の御為に存じ寄りを申し上げて、御譜代の大小名代々御厚恩を蒙りながら、この節の時世を見ながら、何の了簡もないのであろうか。常に、領分の百姓の育ちで、生いたち、その作った米穀の収納を以て奢を極め、代は、万代もこのようなものであると思い、うかりうかりと日を暮し、この時節、誰一人、身を捨て存寄を申し出るという人

上を不恐不届者とて、罪を得んハ目の前也、左もなしとても、気違ひ者迚、取上る人も有まし、有徳院様の御時、山下幸内と申せし流人　存寄申出せし事ありしか、奇特者として差て御咎もなかりしに、今ハ時代も替りし事なれハ、如何あるへきや、罪を得んハ素より、厭ハされ共、狂気もせすして、乱心者に取扱ハれん事残念なれハ、申出もならす、只、足下と我と限りなき憂をのミ語り合、ふくれし腹内の有雑無雑思ひ残さす語り尽す迠也、必々他人に聞せ給ふなと語れハ、夜はほの〳〵と明にけり

按スルニ、是、若州ノ侍医タリシ杉田鷧斎ノ著ス所ナリ、鷧斎、名望一時ニ高カリシハ、其技ニ善キノミニ非ス、是書ヲ見テ、其為人ヲ想フヘシ、然トモ、近世医流ノ阿諛承順シ

を、今日、聞かないことは、実に末世とはいいながら、余りにも浅ましい世の中ではないか。私が老衰した身の思い過しか、生れ付きの愚なる者の迷いなのか、有徳院様の御代からすでに七十年来、世の奢が増長し、士風が次第次第に衰えるをつくづく詠んでいるうちに、近来の天変地妖、魯西亜の沙汰を聞けば、実に夜の目も寝られず、ではあるからといって、我らの如きの者が、このようなことを云い出せば、上を恐れざる不届きものとして、罪を得るのは目の前のことである。そのようなことがないとしても、気違いものとして取り上る人も有るわけはないであろう。

有徳院様の御時、山下幸内という浪人が、存寄を申し出たことがあったが、奇特者として差してお咎もなかったが、今は時代もかわったことであるからどうしたらよかろうか。罪を得ることはもとより厭わないことであるが、狂気もしない乱心者を取り扱われること、残念なれば、申し出もならず、ただ、

テ、人ノ歓心ヲ失ハン事ヲ恐ルヽ者ヨリ見ハ、必ラス無用ノ贅言ナリトシテ、嘲リ哂ハルヽ事アラン、又、別ニ影形問答二巻ヲ上梓ス、此亦人ニ益アリ

此書ハ嘉永ノ時世ニ乗シテ著ハセシ所ナリ、実ニ深秘タルヘシ、予東都ニ在テ、織田氏ヨリ僣ニ借テ二夜ニシテ之ヲ写シ畢ヌ

安政二年季秋上浣　　楠園矢掛弓雄

足下と我と、限りもない患をのみ語り合い、ふくれた腹内の有雑無雑を思い残さず咄尽す迄である。必ず必ず、他人に聞かせることのなきようにと語れば、夜はほのぼのと明るくなってしまった。

四　犬解嘲

或一人の親友来て曰、此頃陪臣の医者が三四輩、　公儀江　御目見被仰付候由、何分手柄の分なり、夫ニ付、其輩打しりて咄合を聞ハ、我ら今度　御目見江被仰付るゝ事誠以冥加至極此上もなき仕合なり、其已前の事ハ不知、近キ比陪臣ニ而御目見申上候ハ牧野公御医師柴田玄徳と貴兄計なり、古キ事ハ知らす、珍らしき事なり、尤是迄町医ニ而

御目見江被　仰付候ハ数々あり、其分御目見相済と直ニ五節句朔望登城御願　御目見へ申上候也、其故ニ供廻りも官医同前ニ召連来るなり、

四　犬解嘲《けんかいちょう》（医者の社会的立ち位置を示した評論）

ある一人の親友がやってきて、私に語って言うには、「ちかごろ、諸侯に仕えている陪臣医者が三、四人ほど、将軍に御目見えを仰せつかったということで、なにやらとても手柄の様子でした。そのことについて、その連中が親しそうに話しあっているのを聞いていますと、

私どもがこのたび御目見えを仰せつけられたことは、まことにもって冥加のいたりで、この上なき仕合わせなことである。ずっと以前のことは知らないが、最近では、陪臣の身分で御目見えを許されたのは、牧野備前守の侍医柴田玄徳とあなた（杉田玄白）だけです。古いことは知らないが、これはとても珍しいことではないですか。もっとも、これまでに町医者で御目見えを仰せつけられたかたは数々ありました。それらのかたがたは御目見えがすむと、すぐそのあとから五節句（毎年五度の節句。正月七日の人日、三月三日の上巳、五月五日の端午、七月七日の七夕、九月九日の重陽）や朔望（陰暦の一日と十五日）に、江戸城に登城する願

然ニ玄徳ハ生付近目ゆへ遠慮して不願、玄白ハ何の故ニ而不願哉、先格を破り我儘成致り、不埒なる男と、甚以嘲り合へり、貴兄何故ニ而不被願哉、所存承度と申たり、老拙答つ、預御尋赤面之至なり、元より不才無術の老拙多年病用致出精のよし被及　上ニて御沙汰、先達而　御目見へ被仰付事甚以冥加ニ相叶候事世の誉と言ひ、対先祖候而も此上もなき仕合、骨身ニ徹し難有奉存候御事なり、然ハ如何様共他の例ニ従ひ可申事ハ勿論なり、何そ私の了簡を加へ一箇を可立事ニあらず、老拙より前方柴田玄徳方　御目見江被　仰付候得共、朔望の御礼不相願、其訳を承

い出の手続きをとり、御目見えをしてこられたものです。したがって、外出時の供廻りも幕府の医官なみに召し連れておられました。ところが、陪臣医で御目見え医師の玄徳は生まれつきの近眼のため粗相があってはならないと遠慮して、登城願いをされませんでした。しかし、玄白はなんの理由で登城願い出をされないのか。これでは、前々から定まっている格式を破り、わがままな不埒な男ということではありませんか、

と、たいへんな悪口の言いようでした。貴兄はなぜ登城願いをされないのですか。お考えをお聞かせください。」

と、言われた。

　そこで、老拙（わたくし玄白）が答えて言ったことは、

「このようなおたずねをいただき赤面のいたりです。もともと才もなく医術にもとぼしい老拙ですが、ただ多年にわたって病人の治療に精を出してきたものだと、お上《かみ》からのおしらせにより、せんだって御目見えを仰せつけられました。これはなはなだもって冥加なことで、世間に対しては名誉なこと、先祖に対

ハ陪臣の身ニて対　上登　城仕度と相願候事ハ恐多奉存候由、已ニ諸大名の家督之節、其家々の家老共　御目見江申上候得共、其日切ニて重而朔望の御礼ニ不罷出、陪臣ニ而ハ主人〳〵の家の法ニ従か礼と申、夫ゆへ其所ハ不願よしなり、是か則近例故、任其例か道理と心得、誠ニ其訳柄も尤の様ニ存せしゆへニ老拙ハ登城不相願候、全我儘よりの事ニあらす、其上近来老衰し、乍慮外小水ハ頻数なり、　御殿中広大の御場所ニ而、寒気強キ早朝なと、万々一不調法ニ而も有之時ハ恐入たる御事と存せしゆへ、近例あるを幸の事と存し、旁以老拙ハ御願不申上、若又召連る供人

しましてもこの上ないしあわせと、骨身に徹してありがたいこととと存じております。でありますから、どのようにでも他のかたがたの例に従うべきことはもちろんのことであります。どうして私の了簡を加えてわがままをおしとおすことができましょうか。

　老拙よりも前に柴田玄徳氏が御目見えを仰せつけられましたが、朔望の御礼を願い出られなかったということです。そのわけをうかがってみますと、陪臣の身でお上に対して登城したいと願い出ることは恐れ多いことであると思われたからだとのよしです。これまでも、諸大名の家督相続のおりには、その家々の家老どもが御目見え申しあげておりましたが、それはその日一度限りのことで、かさねて朔望の御礼にまかりでるというようなことはありませんでした。陪臣の身分では、それぞれ主人主人の家のしきたりに従うのが礼ということであります。したがって、登城願いなどなさらなかったということです。これがすなわち最近の例であります。この例に従うのが道理であると心得ましたし、その理由ももっとものように思われましたので、老拙は登城願いをいたしませんでした。まったくのわがままか

の常ニ少こと不審し、是も如何と被申なハ、是ニは微く意のある事なり、其事　聴置可給、是迠町医の身ならハ　御目見江申上しを規模ニして、供廻り多くつれましきものにもあらす、夫ハ何ゆへなれハ、元来町医と云ふものハ帯刀もあらす、小者と一人の外ハ不被連身分なり、其正拠ハ
御目見可被仰付御達有之日までハ其趣ニて出る事なり、御目見済ての後ハ浪人武士の格に成事故、若党も連られ帯刀もする事なり、町医の内ハ諸事町奉行の支配なれと、右相済て後ハ其手を離れ、諸事御目付より達を請る也、然ハとて、御目見以上と云ふニあらす、陪臣家老と同

らしなかったのではありません。

それに加えて、近来、すっかり老いぼれてしまいまして、思ってもみなかったことですが、小水をもよおすことがひんぴんと多くなったことです。御殿のなか、広大な式場などで、寒気のつよい早朝など、もし万一不調法なことでもいたしましたならば、まことに恐れ入ってしまうことだと思っておりましたところ、いま申しましたような近例がありますことはまことにさいわいであると考えたしだいです。これらの理由もありまして、老拙は願い出をしなかったのです。

もしまた、召し連れて歩くお供の人数がいつも少ないことを不審に思われ、それはどうしてなのかとおっしゃるのでしたならば、このことについてはいささか考えもあることなのです。だから、そのことをどうぞお聴き置きになってくださいませんでしょうか。

もしこれまで町医者の身分であったならば、御目見えを申しあげたことを名誉として、供廻りを多くして連れ歩くということもなかったわけではないでしょう。それはなぜかと申しますと、元来町医者というものは帯刀することもなく、下僕一人の

格と云ふ様成ものなり、夫ゆへ御役を勤られたる家ニ而は、其事委く知り給へるゆへ、其屋敷へ出入するとき開門ハせさる也、先年曲淵甲斐守殿御町奉行在役の刻、町医の　御目見へ医者開門せさるを立腹し、兎や角と争しか、終ニ其理り難尽、なき寝入りになり果たり、其砌不案内の諸大名諸旗本方ニ而大門江駕乗懸れは開門するゆへ不及挨拶如官医出入するハ無礼至極大法を不知人とこそ申べし、扨又陪臣ニ而　御目見被仰付し医師の分ハ元より武家の家来なり、兼而より如官医人数召連に無遠慮格なり、不被連人を連るにハあらす、其身の持前と云ふものなれハ規

ほかは連れ歩いてはならない身分であります。その証拠には、御目見えを仰せつけられるというお達しのある日まではそのような格好で外出しているわけであります。御目見えがすんでからはじめて浪人武士の格になることでありますから、若党をお供に連れ歩くことができ、帯刀もすることになるわけです。それに町医者であるうちは、万事町奉行の管轄下におかれているのですが、御目見えがすんでからあとは町奉行の手を離れて、すべて御目付から達しを受けることになるわけです。だからといって、御目見え以上というわけではなく、陪臣の家老と同格というようなものです。ですから、幕府の役職を勤められたかたの家においては、このような事情をくわしく知っておられますから、そのような医者がこのかたの屋敷に出入りするとき開門などはなさらないわけです。先年、曲渕甲斐守殿が町奉行として在役のとき、町医者のある御目見え医者が開門しないことに立服して、とやかくの争いになったことがありましたが、結局それは道理の通りようもなく、泣き寝入りになってしまいました。そのころ、事情に通じていない諸大名や諸旗本がたの家で、御目見えの町医者が大門に駕籠《かご》を乗りつけると開門された

模ニハあらさる事也、又人数少し連れあるくハ格ニあたらすと云ふことにもあらす、已ニ小普請の御医師御薬方御医師の往来ニても分れたることなり、常ニ人数を揃へ給ふニもあらす、　御目見へ已止正しき官医ニてさへしかり、まして陪臣ニて御目見の済たれハとて連ねハすまぬと云ふ理ハなきはつなり、勝手次第の事なるへし、惣して供と云ふものハ其身の備へに連れるものなれは、其人〳〵の好ニよるへき事なり、元備へのためにする人なれハ途中ニて喧吒口論ニてもある時、其主人の命ニも代るほどの人ならてハ連れたりとて用にハ立す、其時ニ臨ミ迯隠るゝ様

ものですから、その医者たちは挨拶もしないで、まるで幕府の医官ででもあるかのように出入りしていましたのは、まったく無礼至極のことで、大法を知らない人の振舞いであると申すべきものでありました。

ところで、陪臣で御目見えを仰せつかった医師の自分というものは、もともと武家の家来であるわけです。したがって、すでに御目見えの前から幕府医官のように供の人数を召し連れて歩くことに遠慮のいらない格なのです。連れ歩いてはならないものを連れ歩くわけではないのです。自分本来の持ち前ということでありまして、なにも手柄とか名誉とかいうものにはあたらないことであります。また、供の人数を少ししか連れ歩かないのも格にはずれたことというわけでもありません。すでに幕府の小普請《こぶしん》の御医師や、御薬方の御医師の往来の様子をみても、いろいろさまざまです。いつもお供の人数を揃えていらっしゃるわけでもありません。御目見え以上の筋目正しい官医におかれてさえこのようなことです。ましてや、陪臣の身分で御目見えがすんだからといって、きまった人数のお供を連れ歩かなければすまないという理由はないはずであります。みな銘々の勝

成もの何人連たりとて無益ことなり、当世の風俗ニて、皆渡り者宿□《無カ》者計ニてわづかの給金ニて一年切ニ奉公するものなれは、何ぞの時迯かくるゝハ知れたことなり、左様の人を取集め無益ニめしつるゝハ何の意ニや、畢竟ハ外見名聞のためと云ふものなり、是ハ刀のぬくすへもしらす大小を刺の類ひニて、お多福か似たりの櫛笄をさしつらね、顔にも似合ぬ美服を着て、いやミして歩行か如く、志ある人に見らるゝハはつかしきことにあらつや、然ハとて自身に下駄傘を持あるかるものニもあらす、只外江行クに事の弁する様に其日のもやう次第に連へき事也、只々無分別

手にまかせてよいことのはずです。もともと、お供というものは自分の身の備えのために連れ歩くのですから、その人その人の好みによってすべきことなのです。

そもそも、身の護りのために連れ歩く供のはずだから、もし途中で喧嘩や口論などにあったら、その主人の命代りにもなるほどの人でなければ、連れていったとしても役に立ちません。そんな非常の時にのぞんで逃げかくれてしまうような者を何人連れていたとしてもむだのことです。最近の風俗では、みな渡り者とか宿無しの者ばかりがわずかの給金で、一年契約で、供廻りとして奉公しているものばかりであるから、いざというときに逃げかくれてしまうことは最初からわかりきったことなのです。そんな人たちをあちこちからかき集めて、役にも立たないのに召し連れるとは、どういうつもりなのでしょうか。それは畢竟《ひっきょう》、外見名聞《みょうもん》のためだけということでしょう。これは、刀の抜きかたも知らずに大小を差しているのと同類で、お多福がにせの鼈甲《べっこう》の櫛《くし》や笄《こうがい》を差し飾って、顔にも似あわぬきれいな着物を着て、ことさらに気どって歩いているのと同じようなもので、心ある人に見られたら恥ずかしいことではないでしょう

の渡者や日庸の類を飾計につれあるき、万一途中ニ而喧嘩口論を仕出し主人の名を穢し　公儀江懸御世話候様なることありてハ面目もなき事なるへし、人数多けれハ人気も不揃製（制カ）止も不届もの也、然ハなるたけ遠慮し小勢に召連れるか宜方と老拙ハ存也、但シ老拙　御目見申上候後ハケ様〳〵に相心得よと誰差図ハなけれとも遊所芝居等ハ武家の立入ましき場所のやうに承り、一度
　上の御沙汰ニ預り、御目見も申上候身なれハ、左様の場へ立入、万一何そことありては不慎の分と存し、其後ハ右の場所抔へハ足踏ハせす、忍《シノ》ひてハくるしからすなと申人あれ

か。

　だからといって、自分自身で下駄や傘まで持ち歩くわけにもまいりません。ただ外出するのに便利なように、その日のつごうしだいで、供を連れてゆくべきことでしょう。ただただ、無分別な渡り者や日雇いのたぐいを見せかけばかりに連れ歩き、万一、その連中が途中で喧嘩口論などをしでかして主人の名を汚し、公儀にまでもお世話をかけるようなことなどになっては、まったく面目もないことではありませんか。だいたいあまり人数が多いと、気心もまちまちでそろわず、こちらが制止しようとしても制止しきれなくなってしまうものです。ですから、お供はなるべく控え目にして小人数に召し連れるのがよろしいかと老拙は思っております。

　ただし、老拙は、御目見え申しあげた後は、このように心得るべきだなどと、だれかれからの指図を受けたわけではありませんが、遊所や芝居などは武家の立ち入るべき場所ではないと聞いておりますし、お上の御指図をうけ、御目見えも申しあげた身でありますから、そのような場所に立ち入り、もし万一なにか事でも起こしては不謹慎であると思い、以後そのような場

とも、左様のいやしきことハ嫌なれハ参りしことハなし、其外ハ　御目見への後も其已前と同し意ニて今日迠ハ到り来りし也、世ニいふ名聞かざりにかゝわらす、余り見苦しきと云ふ人ありとも、夫ハ恥ニも思わす、本来医者と云ふものハ出家沙門の類ゆへ　公儀の御条目ニも綾白無垢ハ三位已上、但し儒医ハ可爲製（刷）外とありて、無官ニて白無垢着ても御咎めも無之身分なり、是ハ身分のよきにハあらす、畢竟製（制）外ゆへなれハなり、さるにより官位被仰付僧に順し僧官の法橋法眼に被任るゝことなり、然者傍人のことく余りきみかミ可申事とハ思ハれす、唐ニても世々の史ニ、

所などへは足を踏み入れるようなことはいたしておりません。お忍びでゆけばよろしいなどという人もありますけれども、そのようないやしいことは嫌いですから、行ったことはございません。そのほかのことは御目見えをすませたのちも、それ以前と変わりなく、同じ気持ちで今日まで過してまいりました。

　世間でいう、いわゆる名聞にふさわしい飾りということには気にしないでいるものですから、あまりに見苦しいなどという人もありますが、そのようなことは恥とも思いません。本来医者というものは、出家の僧侶と同類でありますから、公儀の御条目のなかにも、綾白無垢《あやしろむく》は三位以上、ただし儒者・医官は制度の範囲外とありまして、官位なしでも白無垢を着てもお咎めもない身分となっております。これは特別に身分がよいということではありません。要するに制度外ということであります。ですから、官位に任じられると同じように、僧官の法橋法眼などに任じられるわけであります。そういうわけですから、他人のことだからといって、あまりとやかくいわれることはないと思います。

　唐でも医者は、代々の歴史書のなかで「方技伝《ほうぎでん》」に名を載せ

方伎伝に書加へられ縉紳の例ニハ載らす、然ハ志ある人のなすへき業あらすと云ふとも佳なるへし、然とも不為将相ハ為良医と云ふ諺もあれバ、将相となりて民の寒苦を救ふも、良医となりて諸人の病苦を救ふも、同し仁術なれハ、他の業ニハ勝ると思へハ左のミ可恥ことにもあるへからす、老拙医者の家ニ生れし身なれハ、人を救ふを目当にするより外ニ志す所ハなし、世の外見の拙きハ恥と思す、業の拙なりといはれんことをハ恥と思ひて深く心を労することなり、別ニ身の楽を好む我儘云ふにハあらす、若重て此度の　御目見へ医師達拙老か我儘ニて先格をくずゝなと

られていますが、官位をもつ人である縉紳《しんしん》の部門には載せられていません。したがって、医術は志のある人のなすべき業《わざ》ではないといわれるかもしれません。しかしながら、「将相たらざれば良医たれ」という諺《ことわざ》もあります。将軍とか宰相となって民衆の寒苦を救うのも、良医となって諸人の病苦を救うのも、同じ仁術でありますから、医は他の職業よりは勝っていると思われますので、それほど恥ずべきことではありますまい。老拙は医者の家に生まれた者でありますから、人を救うということを目当てにする以外なんの志もありません。世間体《せけんてい》がぱっとしないのは恥とも思いません。医者として医術の拙いといわれることだけが恥であると思い、深く心をもちい苦労していることであります。別に自分の身の楽《らく》だけを好んでわがままをいっているのではありません。このたびの御目見え医師たちがまだ相変らず、拙老がわがままで前からの格式をくずしているなどというのでしたら迷惑至極なことです。以上申してきました趣旨をよくよく説明してあげて、その人たちの嘲《あざけり》を解いてやってください。

もっとも、人間というものは、おのおの好みのあるものな

云ハるゝハ迷惑至極なり、此旨能々申しひらきて嘲を解給れかし、尤人間と云ふものハ各好所のあるものなれハ人々の好所ニ従ふか宜かるへし、此度　御目見中上候医師達朔望登
城被致たき望あらハ其事の不被願身分ニハあらす、被願か宜しかるへし、不叶事ニハあるへからす、勝手次第の事なり、他人ニかゝわらハ無気量と云ふ事なりと申せしかば、友人聞てあら口の功者のわろなり、木挽屑もいへハいハるゝものなりと、咲てこそハ別にけり、
此書岡村某蔵之、余借而写焉于時文化十三丙子歳二月中旬也

のですから、それぞれの好みに従うのがいいでしょう。このたび御目見えを許された医師たちも、朔望の登城をしたいという望みがあるのでしたら、そのことが願えない身分ではなし、願われたらよろしいでしょう。願いのかなわないことではないはずです。それぞれ勝手になされればよいことです。他人のことをとやかくおっしゃるのは、了簡がなさすぎるというものです。」

といいますと、友人はこれを聞いて、

「お口のわるい方がなかなかうまいことをいわれたものだ。木《こ》挽《び》き屑みたいな人でも、言えば言えるものですな」

と笑って別れたことでした。

この書は岡村某が所蔵していたものを、私が借りて写したもの。時に文化十三丙子歳二月中旬のことである。

河口信順

河口信順

杉田老先生述也

杉田老先生述也

五　蠏穴談

蠏　穴　談
伴信友奥記
有
シナモノ壱弐六七ィウエ

蠏　穴　談　　完

岡田眞之蔵書

春和堂蔵

蠏穴談

白靏齋老人、緑毛亀庵か宅に来りて、時候の挨拶終り、色々物語り之序に曰、我等如き虫同然者も如斯泰平の　御代に生れ、祖父親の代より目出度奉家　御國恩、代々安楽に年月を送る事、偏ニ難有御事也、然上ハ何事か外ニ望有へき、唯此上我子々孫々同様ニ為奉

五　蠏穴談《かいけつだん》（社会経済・社会風俗批判）

白靏斎老人が緑毛亀庵の宅を訪れて、時候の挨拶も終り、いろいろの話をしたついでにいうには、

「われらごとき、虫けら同然の者でも、このような泰平の御代《みよ》に生れ、祖父・親の代よりすばらしい御国恩をいただいて、代々安楽に年月を送っていることは、ひたすら有り難いことであります。ですから、なにかほかに望むことがあるわけではありませんが、ただ、このうえとも、わが子々孫々が、同様に御国恩をいただき、無事に一生を過ごすことができるようにさせてあげたいと願うばかりであります。」

といった。亀庵がこれを聞いていうには、

「もっとものおことばです。まことにこのような泰平ということは、堯舜が徳で天下を治めた時代のことは

掌　御国恩て、無事ニ一生を過セ度事計願也、と申たり、亀庵聞て曰、尤の仰なり、誠ニケ様の泰平と申事、堯舜之御代ハ知らす、其後、漢土　我朝ニてハ、聞も及ぬ御事なり、然とも、治不忘乱と云事も有よしなり、高官之人不憂天下、草野之人憂天下と申如譬、賤しき我々か身分を以て申ハ甚恐多ク、又何程思ても不及事ニて、無益事ニハ候得共、子々孫々まて同く奉為掌　御恵度願處より、無據然る処もあり、我等若年の頃と近来の世上を見るに大成違なり、古より治極時ハ乱といへり、泰平續く時ハ人奢り、奢甚時ハ人窮し、窮すれハ乱るゝ事、千百年以前より同事なり、貴老も我等も物心を覚へし頃と、今の世風俗を見合すれハ、不怪違し事共なり、未生以前の事ハ不知、御存の　有徳院様御代と、今の

知りませんが、その後、中国においても、わが国においても、聞いたこともないことであります。しかしながら、治まった世にいて乱を忘れない、ということもあるということであります。高官の人が天下を憂《うれ》わないで、在野の人が天下を憂うるという譬のごとく、賎しいわれわれのような身分の者がいうのもはなはだ恐れ多いことであり、また、どんなに思ったところで事がおよぶことでもなく、無益のことではありますが、子々孫々まで同様に御恵《おんめぐみ》をいただかせたいと願うところから、やむを得ないところでもあります。

私たちが若年の頃と近頃との世のなかの様子をみるに、随分の違いがある。古《いにしえ》より、治きわまる時は乱るという。泰平が続く時は人々が奢り、奢りが甚しい時は人は窮し、窮すれば乱れること、千百年以前より同じ事であります。貴老も私らももの心を覚えた頃と、現在の世の風俗を見合せてみると、うたがいもなく違うことごとであります。

いまだ生れざる以前のことは知りませんが、御存知

模様を見合するに、其奢ハ莫大になりたり、夫故、人々暮《くらし》方の難義(儀)する事も亦甚事なり、勿論、貧富ハ人々の運不運ニ寄といへとも、推並て見るに、昔ハ十人に二三人の難義(儀)人ありしに、今ハ十人か十人難義(儀)也と云ふ様なり、一寸と見渡したる處ニてハ不変様なれとも、十年も過て後の處を顧れハ、一段も二段も難義(儀)増たる事明ニ見ゆるなり、其内ニも、別而近年ハ足早ニ段を取様なり、ケ様ニ成行ハ、往々ハ困窮至極ニ至るへき事なり、貴老ハ如何思ハるゝやと問、靏齋答曰、如何ニも仰の通りなり、總て國家を治るニハ経済と云ふ事ありて、色々仕方のあるよしなり、夫ハ我々か知事ニあらす、誠ニ　公邊の御事如斯なし給ハゝ御宜かるへしと申様成事可知事ニあらす、只諺云、蠏ハ形に似せて穴を穿とやら

の有徳院様御代(八代将軍吉宗時代)と、現在の世の中の様を見くらべてみますに、その奢り方は莫大なものとなっています。それゆえ、人びとの暮《くら》し方において難儀することもまた甚だしいこととなりました。もちろん、貧富は人びとの運、不運によることとはいいますが、概して、昔は十人に二、三人の難儀人であったものが、今は十人が十人とも難儀であるというようであります。ちょっと見渡したところでは変りないようですけれども、十年も過ぎて後になったところで顧みてみると、一段も二段も難儀が増したことが明らかにみえるのです。その内でも、特に近年は、足早に段を取るようであります。このように成り行けば、往々は、困窮至極に至ることでありましょう。貴老はどのように思われますか」

と問うのであった。靏斎が答えていうには、

「いかにも仰せの通りであります。すべて国を治《おさ》めるには経済ということがあって、いろいろ方法があるよ

申事もあり、我等か身分相應の愚成了簡を以て申見れハ、蟻の穴より堤の崩るゝと云ふ事もあれハ、小き雱を能防きたらハ、大成雱ニも及へし、得と世間の様を考るニ、　東照宮様此天下を初て御治被遊候頃ハ、日本國中合戦漸ク止ミ、御大徳ニて豊成　御世ニ成し事なれは、小児の父母を得し心地にて、偏ニ御恵の難有ニ帰伏セし事なれハ、御世話なくとも世間ハ自然と豊ニありし事なるへし、又　東照宮様ニも、下の早く致安堵候事を思召候哉、大閤の立置れし事を多くハ其侭ニ被差置し事と見へたり、其故ニ哉、諸大名も隔年ニ江戸江交代被　仰付、江戸江詰る大名ハ皆領分の米穀を賣拂、其代金を持越し、江戸ニて諸色買調へ、一ヶ年の　公用私用不残弁して事を済せし事なり、此事已ニ二百年近

うであります。それは、我われが知ることではなく、本当に、公辺《おおやけ》が御事をいかになされるのが宜しいかなどというようなことは知るべきことでもありません。ただ、諺にいいますように、蠏は形に似せて穴を穿つ、ということもあります。我らが身分相応の愚なる了簡をもって言ってみれば、蟻の穴より堤の崩れるということもあれば、小さきところをよく防いだならば、大なるところにも及ぶことになりましょう。

よくよく世間の様子を考えてみますに、東照宮様（徳川家康）がこの天下をはじめてお治め遊ばされました頃は、日本国中において、ようやく合戦が止み、御大徳によって豊なる世になされた事でありますから、小児が父母を得たような心地で、ひたすら御恵の有り難さに帰伏したことでありますから、特段の御世話がなくとも世間は自然と豊に在ったことであります。

また、東照宮様（徳川家康）にも、下々が早く安堵することをお考えなされたのか、太閤（豊臣秀吉）のたておかれたことの多くをそのままにしておかれたこととお見受けいたしました。

くに及べり、是ハ荻生惣右衛門か記せし政談の通りなり、夫故、皆旅宿同前の暮方なり、此義仕習ニ成て、賤しき我々までも、金銀ニて萬事買調へ、日々を送る事ニ成たり、然るにより、金銀なけれハ一日も難立事なり、然処、其買調物近年ハ殊外價高く成たるゆへ、諸人の暮方難義《（儀）》ニ成たる事と見へたり、其買

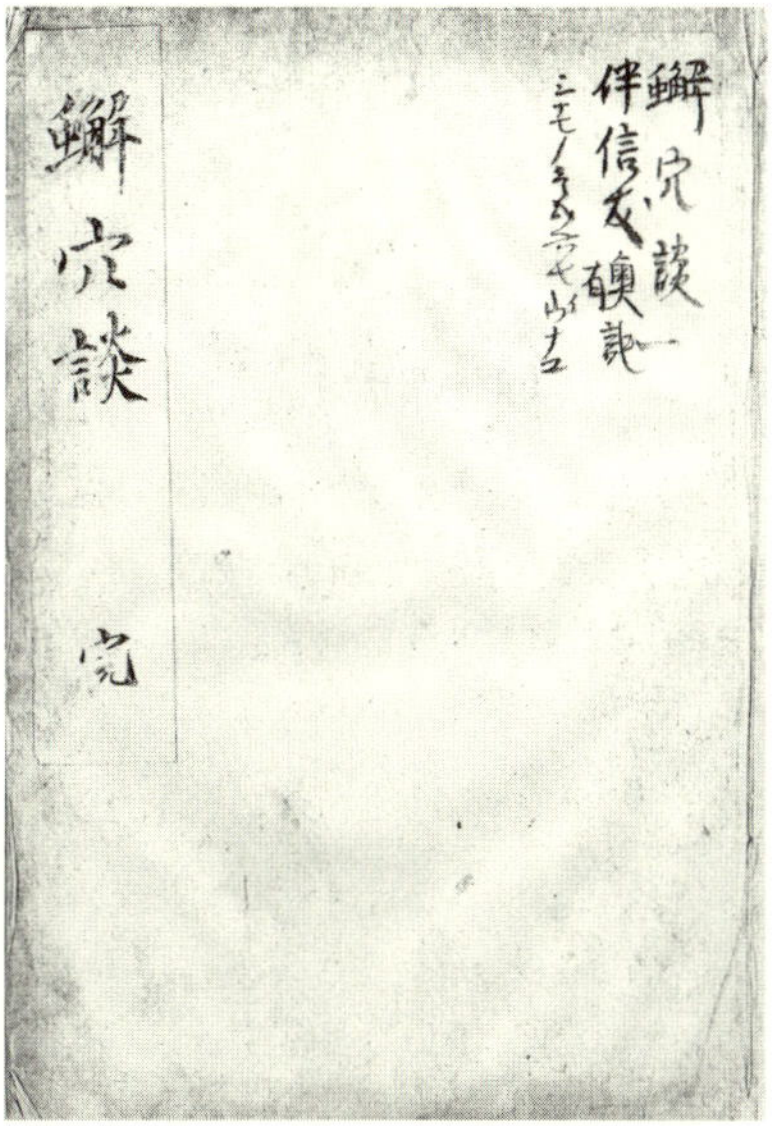

図7　『蠏穴談』表紙（写本、片桐一男蔵）

それゆえでしょうか、諸大名方も隔年に江戸へ交代を仰せつけられました。江戸へ詰める大名はみな領分の米穀を売り払い、その代金を持ち越し、江戸において諸色を買い調え、一ヵ年の公用・私用残らず済まして、事を済ますこととなり、このことはすでに二百年ちかくにも及んでおります。是は荻生惣右衛門《（徂徠）》が著した『政談』の通りであります。それゆえ、みな旅宿生活と同様の暮し方であります。

このような暮し方が習慣になって、賤しい我われまでも、金銀で万事を買い調え、日々を送る事になりました。そのようなわけで、金銀がなければ一日も立ち難いこととなりました。しかしながら、その買い調い物が近年はことのほか価が高くなりましたために、諸人の暮し方が難儀になったことと見受けられます。

その買い調える物価の高くなる根元は、世間の奢りが日々増長して、無益の費えが多くかかるからであります。まず、その奢りの増上したところを、試みに言いますならば、衣食住三ツでも、享保・元文より宝暦

調る物價の高成根元ハ、世間乃奢日々増長して、無益の費多かゆへなるへし、先其奢の増上したる處を試ニ云ハ、衣食住三ツニても、享保元文より宝暦の初頃まてハ、大名高家ハ格別、我々體乃者、衣類ハ郡内丹後嶋の類を第一の晴着《ハレギ》となしたり、尤婦人女子も同事ニてありたり、其内、婦人ハたま〳〵紗綾縮緬を着したるものもありしか、是ハ冨家の妻女計ニ而、一通りの町家下女半下の類着るものにあらす。今も三谷三九郎と云ふ者の一族ハ、其風俗を守り、不改事なり、偖、衣類の尺も其頃まてハ短く、帯も幅狭く、縮緬を結構成ものと覚へ居たり、我等姉ハ長ヶ高く、振袖長サ鯨尺ニて二尺一寸はかりなるを着られたり、然ニ祖母の長過ると機嫌よからす、其外白粉も少し白く見ゆれハ遊女めくとて叱られたる

の初め頃までは、大名・高家は格別で、我われ体の者は、衣類は郡内・丹後縞の類を第一の晴れ着としました。なおまた、婦人・女子も同様のことであります。その内で、婦人は時どき紗綾・縮緬を着たものもありましたが、これは冨家の妻女ばかりのことで、普通の町家の下女・半下の類が着るものではありません。今も、三谷三九郎という者の一族は、その風俗を守り、改めないことであります。

さて、衣類の尺もその頃までは短く、帯も幅狭く、縮緬を結構なものと思っておりました。私らの姉は背丈が高く、振り袖の長さ鯨尺で二尺一寸(約八〇センチメートル)ばかりのものを着ておられました。ところが、祖母は長過ぎると機嫌よからず、そのほか白粉も少し白く見えるので遊女めくといって叱られたことを覚えております。また、その頃までは、時どきの流行衣類も五年、三年ずつは同じ物が流行していました。市松染といって石畳み、小六染といって段々筋、これらは最も長く続き、婦女子がわれがちに着せたことでありました。しかるに、

を覚居たり、又其頃までハ、時々の流行衣類も五年三年ツヽハ同し物流行れり、市松染とて石疊ミ、小六染とて段々筋、是等ハ最も長ク續き、婦女子我一ニと着せし事なり、然ニ近年ハ如何様成貧賤者の妻女も、衣類尺長、帯ハ至て幅廣く、紗綾縮緬ハ云ふに及す、新機物新染出しと号し、昔、守袋鼻紙入ニ用し

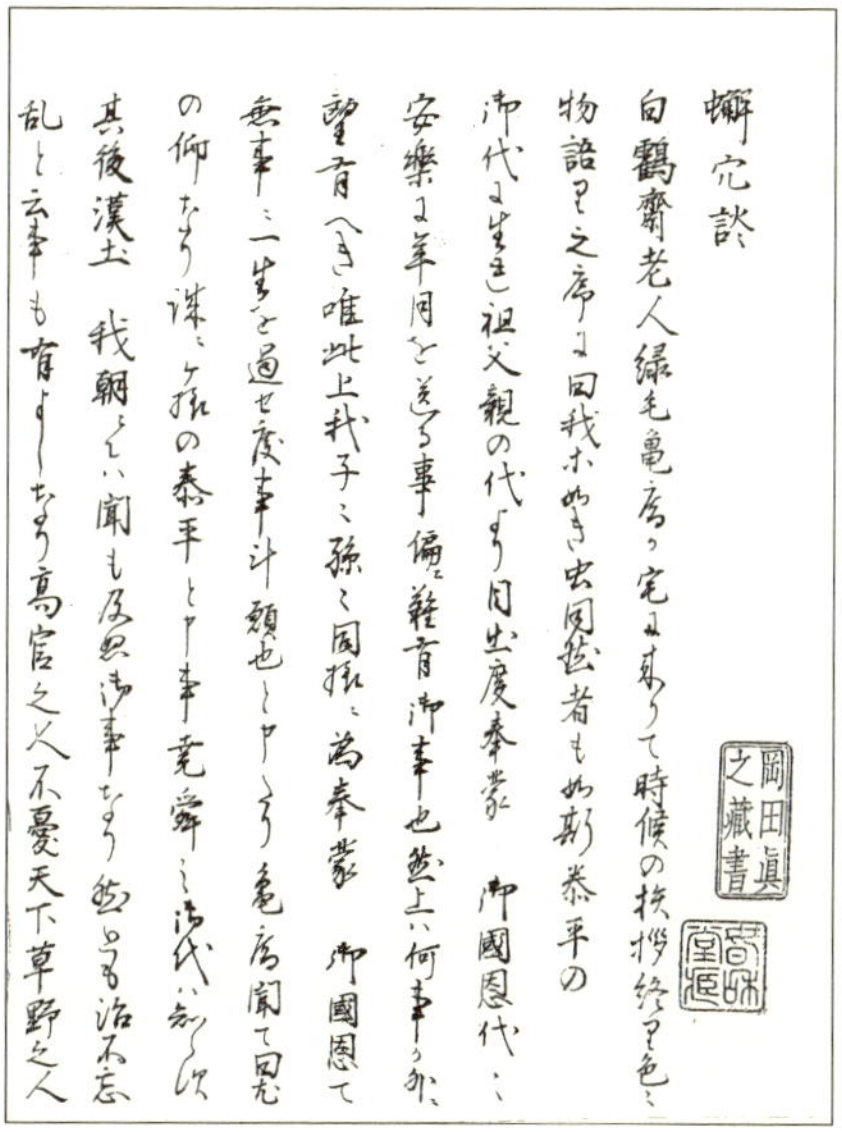
蠏穴談
白鶴齋老人緑毛亀床の宅に来りて時候の挨拶終りて色々
物語りし序に曰我おゐき出囲炉者も如斯泰平の
御代に生れ祖父親の代より日々度奉蒙　御國恩代々
安楽に年月を送る事偏に難有御事也然上ハ何事ニ不
望育ハ唯此上我子ゝ孫ゝ同様ニ為奉蒙　御國恩て
無事ニ一生を過せ度事計願也と申ける亀床聞て白髪
の御なり候ゝ何の泰平と申事堯舜ゝ治代ハ知ゝ不
其後漢土　我朝とハ聞も及ぬ御事なり然とも治不忘
乱と云事も有よしなり高官之人不憂天下草野之人
岡田眞之藏書

図8　『蠏穴談』本文冒頭（写本、片桐一男蔵）

近年はどんな貧賤者の妻女も、衣類は尺長に、帯は至って幅広く、紗綾・縮緬はいうにおよばず、新機物《しんきもの》とか新染め出しといって、昔、守り袋・鼻紙入れに用いた織物を帯・衣類としている。そのほかには、髪上の飾りも、昔は元結《もとゆい》は尺長く、櫛・笄・簪《かんざし》も一本ずつで事すみ、伽羅の油は少し用い、多くは美男蔓《びなんかずら》というもので髪も結ったことでありました。今は、小女は銀で作った花の簪を二本も三本もさし、成人の婦人は瑇瑁《たいまい》の一本で価二、三両から十両にもなるほどの櫛・簪を六、七本もさし、数の多さを自慢しています。元結は染め紙、染め縮緬を用いる。紅白粉も色濃くつけるのを好みのことにしている。流行の衣類も、春に新し物といって流行しても、秋には棄ててしまう。秋の品は春までは続かず、およそ一年に二、三度も改まる様であります。そのうちでも、婦人・女子の目当てとし、見学びする芝居役者共の衣類は、昔は木綿に切り付け模様、あるいは綿糸で縫っていたものを、目立ちたがりやは真鍮のやすり屑を蒔き、繻子と見えるものは紕《ぬめ》

織物を帯衣類となし、其外ニハ、髪上飾も、昔ハ元結ハ尺長、櫛笄簪も一本ツヽニて事済、伽羅の油ハ少用、多くハ美男蔓と云ふものニて、髪も結し事なり、今ハ小女ハ銀ニて作りたる花の簪を二本も三本も指し、成人の婦人は瑇瑁の一本にて價二三両より十両ニも至る程なる櫛簪を六七本も指、数の多を自慢とする事なり、元結ハ染紙染縮緬を用ゆ、紅白粉も色濃つけるを好事なり、流行衣類も、春新物とて流行しも、秋ハ棄り、秋の品ハ春まてハ續す、凡一年ニ二三度も改る様なり、其中ニも、婦人女子の目當とし、見学する芝居役者共の衣類、昔ハ木綿ニ切付模様、或綿糸ニて縫をし、光ル者ハ真鍮のやすり屑を蒔キ、繻子と見へしハぬめ練絹ニて、縮緬と見ゆるハ皆紬《ツムギ》なりしニ、是も今ハ、紗綾縮緬繻子の類ハ云ふニ

練り絹で、縮緬と見えるものはみな紬《ツムギ》であったものが、これも今は、紗綾・縮緬・繻子の類はいうに及ばず、金襴《きんらん》・錦・天鵞絨《ビロード》のような織物を用い、糸は本糸・本金糸をつかって華々しく縫ったものを着す。このようであるため、芝居者も物入り多く、これを見、学びすることゆえ、一般人の衣類の奢りがますます長じ行くことであります。

　さて、食物も昔は格別珍しい品を好まず、だいたい定まった品で人びとは満足し、楽しみにし、今はそれも増長し、ちょっとした料理も茶人の会席のごとく、珍味、塩梅をもっぱらにし、器もそれに准じて高価の品を用いる。『江戸砂子』という本に、両国の淡雪豆腐、同処の幾世餅を書き載せているのは、その頃まで人の賞翫した品であるからである。今は田舎者の江戸へ見物に出てきたものが、昔よりの名代《なだい》ということで、喰う者があるまでのことである。ところが、近来は品々の仕出し多く、昼夜の分かちもなく、即席料理や、名物何々と、看板をかけた店が町々にくまなくあって、

及す、金襴錦天鵞絨やうの織物を用、糸ハ本糸本金糸を以て、花々しく縫たるを着す、此故ニ、芝居者も物入多く、是を見学候事故、平人の衣類奢増々長し行ク事なり、偖、食物も昔ハ格別珍敷品も不好、大體定りたる品ニて人々足り楽ミしニ、今ハ其《ソレ》モ増長し、一寸したる料理も茶人の會席の如く、珍味塩梅を専とし、器もそれニ准して高價の品を用ゆ、江戸砂子と云フ本ニ兩國の淡雪豆腐、同處幾世餅を書載たるハ、其頃まて人の賞翫せし品

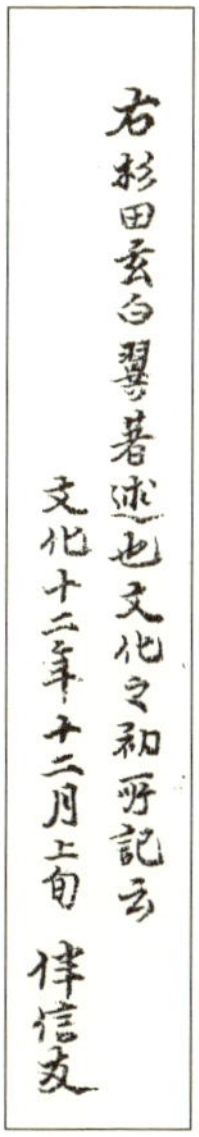
右杉田玄白翁著述也文化之初所記云
文化十二年十二月上旬　律信友

図９　『蟹穴談』大尾の附記
（写本、片桐一男蔵）

なかでも上野下の浜田屋などいえる賎しい煮売り店の、商人が買いに出ない間は、魚市の値段が立たないと、世間の人びとがいうほどである。これは鮮魚を価よく買う故であるということである。そのほか、王子の海老屋・扇屋、亀戸の巴屋などという近郊の料理屋まで、住居を風流に造作して、珍味・珍菓を工夫し、大名の料理人も及ばないような味をかんがえ出して商うことである。その中でも、菓子のよくなったことは、近年、特別である。私らが二十四・五年前、若州《（若狭）》小浜へ参った時、松葉菓子というものを贈ってくれた人があった。これは「ぼうる《（ボーロ）》」の類であって、風味のよくないものであるといったら、かたわらの人が、これは京菓子で好き味であるとほめていた。このような遠国も、近年、その地の製品といって、アルヘイ《（有平）》で作った菓子を贈ってきた。若州《（若狭・小浜）》は上方の近くであるから、そのようなこともあるでしょう。近頃、津軽家中へ参りましたら、これも在所の製品であるといって、アルヘイ作りの菓子を出した。わたしたちは、うたがわしいことだと思っ

なれハなり、今ハ田舎者の江戸へ見物ニ出たるもの、昔よりの名代とて、喰者あるまて也、然ニ近来ハ品々の仕出し多く、昼夜の分チもなく、即席料理や、名物何々と、看板を懸し店町々ニ無𠩘なし、中ニも上へ野下タ濱田屋なといへる賎しき煮賣店の、商人買ニ出さる間ハ、魚市の直段不立と、世人も云ふ程なり、是は鮮魚を價能ク買フ故なりと申ハなり、其外、王子の海老屋・扇屋、亀戸の巴屋なと云ふ邊土の料理屋まて、住居を風流ニし、珎味・珎菓を工夫し、大名の料理人も不及様成味を工ミ商事なり、其中ニも、菓子の結構ニ成たるハ、別て近年甚し、我等二十四五年前、若州小濱江参りし時、松葉菓子と云ふものを贈りし人あり、是ハぼうるの類ニて、風味不宜ものと申せしかハ、側の人、是ハ京菓子ニて好味な

て、上方へは程遠い土地で、砂糖の入手も不自由であろうに、どうしてこのような品を作ることができたのかと問うたところ、大坂より船で積み越すのを用いて作るのだとの答えであった。このように、辺鄙な土地まで、奢りが行き届いたのだと思えた。

また、人家のこと。昔は板屋だとか茅屋ばかりで、火事といえば、大火になったことなので、有徳院（徳川吉宗）様のお考えで、江戸中が瓦屋や土蔵造りにするよう命ぜられたところ、これも年を経て次第に損し、世上の難儀にしたがい、建て直す度々、普請が粗末になり、ただ表向きはより立派に見せかけ、実用は少なく、無益のところに金銀を費し、そのうえ、普請の度ごとに家作りが高くなり、火事の防ぎには悪く、それゆえ大火になりやすく、また類焼したところは身上の難儀であるため、仮普請、小屋掛けと唱え、手軽に普請し、ただ戸障子、垣根庭などにのみえりごのみをして、奇麗なのを第一に作って、外見ばかりに心を用いる。これがために、これらにも費用が多くかかり、かつ家居がこ

りと賞したり、ケ様の遠國も近年其地の製とて、あるへいにての作り菓子を贈り越たり、若州ハ上方近くなれハさもあるへし、近頃津軽家中江参りしに、是も在處の製成とて、あるへひ作りの菓子を出せり、我等不審し、上方へハ程遠き土地の事、砂糖不自由なるへし、如何してケ様の品製し候哉と問しに、大坂より船にて積越を用て製るなりと答へたり、如許邊鄙まて、奢りハ行届し事と見へたり、又人家の義、昔ハ板屋茅屋計にて、火事といへハ、大火ニなりし故、　有徳院様、思食にて、江戸中瓦屋・土藏造り被　仰付候所、是も年経て次第ニ損し、世上の難義(儀)ニ従ひ、建直す度々、普請粗末ニ成り、只表向はより結構ニ見せかけ、実用少く、無益の所ニ金銀を費し、其上、普請の度毎ニ家作り高成、火事の防ニ

のようであるので、ちょっとした器物や諸道具まで、一通りの品では住居に取り合いが悪いといって、賎者までも唐物・古物・物好きものを用いるのである。

これらが、全く奢りの増長したところである。このように奢りが長ずるにしたがい、世の中の難儀はますますひどくなってゆくのである。

もとより、町人どもは自分自分のために金銀を貪り、身上をよくすることを工夫しだし、世の奢りの長ずることには無頓着である。富める商人は衣服・翫器の類や世人の好むであろう物を工夫して売る。貧なる商人は、正月の刮《けず》り懸け柳も刮って売り、牛蒡は刻み、麥は咲《え》ましにし、七夕の短冊も切って売るような例が、ここ十年ほど以来、八、九十種類もあるということである。

このように、新規の商い物が年ごとに夥しく増し、あるいは手習い、三味線、稽古に通う娘・子供の日々の弁当も、幕の内といいたてる弁当屋があって、拵えて売り、そのほか、白髪元結、縮緬紙、婦人の髪結い

悪く、夫故大火ニ成易く、又類焼候所ハ身上の難義（儀）ニ付、假り普請、小屋掛と唱へ、手軽ニ普請し、只戸障子垣根庭なとニ而已物好をなし、奇麗成を第一ニ作りて、外見計ニ心を用ゆ、此故ニ、是等ニも費多く、且家居如許なるゆへ、假初の器物諸道具まて、一通りの品ハ住居ニ取合あしきとて、賎者まて唐物・古物・物好きものを用ゆる事也、是等、全く奢の増長したる所なり、如此奢長するに従ひ、世中の難義（儀）ハ募行事なり、元より町人共ハ己々の為ニ金銀を貪り、身上を宜する事を工ミ出し、世の奢り長するニハ無頓着、冨る商人ハ衣服・翫器の類ひ、世人の好むへき物を工て賣り、貧成商人ハ、正月の刮リ懸ケ柳も刮て賣り、午房ハ刻ミ、麥ハゐまし、七夕の短冊も切て賣ル類ひ、十年程以来、八九十色

女などというもの、挙げて数えがたい。

泰平の代の民のならいで、ただ安逸を好んでいることとなので、このように自由自在になることを良い事と心得、日々金銀の費えることには心付かず、しらずしらず暮し方に難儀するのは、もっとも至極である。昔を知らない人は昔も今も同様に思うべきことであるけれども、このように無益の物が多くなったのは、そんなに時を経たことではない。そういうことであるから、十年は十年、五年は五年と、世の中は詰まってゆくことなのである。

このような些細なことは、高位高官の人のお知りになる事ではないということである。聞き及ばれたとしても、世の難儀となる味わいはおそらくはよくおわかりにならないであろう。小を積んで大となる道理であるから、まず、このようなことは止めたいことである。貴老のお考えはいかがですか。」

と問うた。亀庵が答えていうには、

もあるよしなり、ケ様ニ新規の商物年々ニ夥しく増、或手習三味線稽古ニ通ふ娘子供の日々の弁當も、幕の内と唱へたる弁当屋ありて、拵へ賣り、其外、白髪元結縮緬紙、婦人の髪結女なと云ふもの、擧て数へかたし、泰平の代の民のならい、只安逸を好候事故、ケ様ニ自由自在なるを能事と心得、日々金銀の費るニは心付す、不覚暮方難義するハ、尤至極なり、昔を不知人ハ昔も今も同様ニ可思事なれとも、如許無益の物多く成たるハ不久事なり、然ニより、十年ハ十年、五年ハ五年と、世中ハ詰り行事なり、ケ様ニ鎖(些)細成事、高位高官の人知り給ふへき事ニあらすよし也、聞及給ふとも、世の難義(儀)と成ル味ヒハ得と御合点参るまし、小を積て大と成ル道理なれハ、先ケ様の事ハ止メ度ものなり、貴老存念如何と問、亀庵答曰、

「仰せのごとく、世の中はいかにも困窮しているように見えている。一通りでは同じように見えるけれども、うちわけは、皆みな難渋していることである。その証拠は、遊所・芝居でも知ることができる。この二つは都の花の一つであって、世の盛衰の著しく見える所である。吉原も次第に淋しく、当正月などは昔の九・十月の景色にも劣り、名月十三夜の月見の客などはいっこうにないということである。芝居は役者の芸の功者・不功者によるというけれども、見物に行く者は無分別の若者・女・童ばかりで、とくにそれに頓着はない。この広大なる江戸のことであるから、十軒あっても、みな相応に繁昌すべきことなのに、わずか三軒の芝居、近年は一軒興行したり、二軒興行したり、三軒共に興行することはなく、ことに昔は正月二日に初め、霜月(十一月)の顔見せまでは見物も絶えないことだったのに、近頃は繁昌というか、一月が二月、三月とは続かず、年に一度も顔見せさえ、霜月朔日にはじめることなく、去年の暮などはようやく霜月十日頃にはじめたのである

如仰世中ハ如何ニも困窮せしと見へたり、一通りニては同し様ニ見ゆれとも、内分皆々難澁する事なり、其證據ハ、遊所芝居にても知るへし、此二ケ所ハ都の花の一ツニして、世の盛衰の著《イシシルシ》しく見ゆる所なり、吉原も次第ニ淋しく、當正月なとハ昔の九十月の景色ニも劣り、名月十三夜の月見の客杯ハ一向ニなきよしなり、芝居ハ役者の藝の功者不功者ニよるといへとも、見物ニ行者ハ無分別の若者女童計にて、差て夫ニ頓着ハなし、此廣大成ル江戸の事、十軒ありても、皆相應ニ繁昌すへき事なるに、纔カ三軒の芝居、近年ハ一軒興行したり、二軒興行したり、三軒共ニ興行する事なく、殊ニ昔ハ正月二日ニ初め、霜月の顔見せまてハ見物も絶へさりし事なりしニ、近頃は繁昌と云ふか、一月か二月三月とハ不

が、これも休んだり、はじめたり、二十日ばかりで止んでしまった。これは全く金銀の差支えるためである。その二月三月の間、狂言の評判よきときは繁昌するというのは、広大なる江戸のことゆえ、金銀の手迫りしている者が見物するためである。その分が見終ればたちまち見物が少なくなって、芝居の奥行きができず、狂言をかえることとなる。昔、ながく見物の続いたのは、江戸中の人がおいおいに見物したからである。

　これらをもってみれば、金銀の少しも手迫りしているもの十人に二、三人でなくてはならないわけである。吉原も大家はそれなりに客はあるけれども、小家は客少なく難儀のようである。これも同じ理由で淋しいことである。

　江戸でさえ右のごとくであるから、上方はなおさらのことで、近頃は京・大坂で懸け合いにして、役者を一月抱えにするということである。

　このようになってしまったのは世の中が困窮したためのことである。およそ人情というものは、十人が十

續、年ニ一度顔見せさへ、霜月朔日初し事なく、去暮なとハ漸霜月十日頃ニ初しか、是も休たり、初たり、廿日はかりニて止たり、是全く金銀の差支るか故なり、其二月三月の間狂言の評判宜時は繁昌すると云ふハ、廣大成江戸の事故、金銀手迫候ものゝ見物する故なり、其分見終れハ、忽見物少く、芝居の奥行不相成、狂言を□(換カ)る事なり、昔し永く見物の續しハ、江戸中の人追《オイ》々ニ見物せしゆへなり、是等を以て見れハ、金銀の少も手迫り候もの十人ニ二三人ならてハ無キ故なり、吉原も大家は相應ニ客あれとも、小家ハ客少く難義(儀)のよしなり、是も同し訳合ニて淋しき事なり、江戸さへ如右事故、上方ハ猶更の事ニして、近頃ハ京大坂懸合ニして、役者一月抱ニするよしなり、ケ様ニ成り来りたるハ世の中困窮ゆへの事なり、

人、外聞、外見を第一とするものであるから、少し意のある人もこのように費えが多くては、ゆくゆくは難儀することになろうと知りつつも、外見止みがたく、随分倹約をして、費えなきように暮してみても、なかなか倹約だけでは追い付きがたく、よんどころなく一日一日を送る間に、終には困窮してしまうことである。

　これというのも、その根本は、日々の費用が多くかかり、止むを得ないところから、難渋することなのである。これは昔と今と違うところがあるからである。その証拠は、私らが若い時に懇意の医者があって、その医者は、毎日駕篭に乗り、病家を勤めていたが、その際一ヵ月雇い切りの駕者両人で鳥目(銭)六貫文で済んでいた。その頃の相場は金百疋に銭一貫一・二百文くらいであった。ところが、今は、一月雇い切り両人で、鳥目十四・五貫文である。この頃の相場は金百疋に一貫六百文金である。これによってみれば、昔、下賤の者は一日百文くらいで渡世できていたものが、今は二百文余でなければ渡世ができないわけである。

凡人情と云ものハ、十人か十人、外聞外見を第一とするものゆへ、少意ある人も如此費多くてハ、往々難義（儀）すへしと知りつゝも、外見難止、随分倹約を加へ、無費やうニ暮て見ても、中々倹約ニてハ難追付、無據一日〳〵送る間、終ニハ困窮する事なり、是と云ふも、其根元、日々費用多く、不得止の所より、難渋する事なり、是ハ昔今と違へる所あるゆへなり、其證據ハ、我ら若時ニ懇意の醫者あり、其醫者、毎日駕ニ乗り、病家を勤しニ、其節一月雇切の駕者両人ニて、鳥目六貫文ニて済たり、其頃の相場、金百疋ニ銭壱貫二百文位なり、然ニ今ハ、一月雇切両人にて、鳥目十四五貫文也、此頃の相場、金百疋ニ壱貫六百文餘なり、是を以て見れハ、昔下賤者ハ一日百文位にて渡世なりしニ、今ハ二百文餘ニあらされハ渡

また、丹羽左京太夫殿は、享保年中（一七一六～一七三六）、住居と家中の長屋を残らず新規に建てられたが、金子四千両余りで、普請できたということである。もっとも、良材で、当時としては得がたいほどの材木であった。ところが、去る寅年、糀町貝坂よりの出火で類焼にあい、先ず住居ばかり造作されたのであるが、金一万両余りも費用がいったということである。わずか五・六十年の間に、諸物の値段が高くなったことは、このような違いである。もちろん職人が言い合わせてしたことでもなく、全く時の勢いによる事である。その原因はと考えてみるに、かの旅がかりと同前の暮し方より事は起っていることである。何事も金銀をもって買い調えることゆえ、下々のもののたがいに渡世難儀については、彼も是も、物の値段を引き上げるよりほかに方法もなく、自然と高くなってしまったことである。たとい豆腐屋一人が下値に商いたく思っても、薪も高く、豆も高く、そのほか、自分の身上暮し方に、買い調えるもの一切が高くなったことゆえ、価を下げては元に引き合わず、渡

世ならぬ事故なり、又丹羽左京太夫殿、享保中、住居と家中長屋不残新規建れしに、金子四千両餘にて、普請出来せしとなり、尤良材にて、當時難得程の材木なり、然ニ、去ル寅年、糀町貝坂よりの出火ニ類焼ありて、先住居計造作ありしに、金壱萬両餘も費用入しよしなり、纔五六十年の間ニ、諸物の價ヒ高く成し事如許違なり、勿論職人も商人も云合せたる所為ニもあらす、全く時の勢ひニよる事なり、其元ハと考へ見るに、ケの旅懸同前の暮方より事起《オコ》る事なり、何事も金銀を以て買調る事ゆへ、下々のもの互ニ渡世難義(儀)ニ付てハ、彼も是も、物の價を引上るより外事なく、自然と高く成たる事なり、假令豆腐や壱人下直ニ商度思ても、薪も高く、豆も高く、其外、己か身上暮方に、買調るもの一切高く成たる事

止むを得ず、高く売ることになり、万事万物がこのようになったことであるというのは、詰るところ、人々がしらずしらずに奢り方が甚しくなり、無益の費用の多いことより出たことである。

　この風俗を改めるには、一通りのことでは改まるものではない。御当代の初め、諸物の引き下げの御世話もあったが、その当分は少しばかり引き下げたようであるけれども、間もなくもとのごとくになり、かえって物によっては価の上がった品もあるようになった。ただ一通りの御世話では、とても改まらないと見えたことである。

　しかし、その仕方次第で、物の価は下がるべきか。この江戸で、売り場所の品々の価が下がったならば、自然と田舎田舎までも物価は下がるはずである。ということであればすなわち、その元が下がることによって、江戸において売り物はいよいよ下値になるであろう。

　その仕方について、愚老の存念で考えてみると、商

ゆへ、價を下ケてハ元ニ不引合、不得止、高く売事なり、萬事萬物如許成たると云ふハ、詰る所、人々不覺奢り甚しく成り、無益の費用多キより出たる事なり、此風俗を改るハ、一通りの事ニてハ改るべからす、御當代の初、諸物の價引下ケ御世話もありしかと、其當分少計引下ケし様なれとも、無程如故ニ成り、却て物ニより、價の上りし品もあるやうなり、只一通りの御世話ニてハ、迚も改らぬ事と見へたり、然し、其仕方次第にて、物の價可下乎、此江戸にて、賣所品々價へ下りなハ、自然と田舎〳〵までも物價可下、然則ハ、其元の下るニよつて、江戸ニて賣物弥下直ニ成へし、其仕方、愚老か存念を以て案ニ、商人共の賣物買人少キ様ニ仕懸なハ可宜事なり、買人少時ハ、代物積置てハ利合不引合事故、自然と

人どもの売り物を買う人が少ないように仕懸ければよろしいことである。買う人が少ない時は、代物（商品）を積み置いては利合い（利得）が引き合わないわけであるから、自然と損をしても、嵩《かさ》を売る気になるのは、商人の情である。そのようであれば、町家の者は、まちがいなく難儀するであろう。

　その難儀を救い、商い物を買う人を少なくする仕方は、奢りを制するよりほかに仕方があるわけではない。

　さて、奢りを制する仕方は、万事制度を立てるよりほかに仕方はないであろう。しかし、その制度を立てるには、荻生惣右衛門（徂徠）の『政談』に記してあるごとく、武士を土着させ、武士に直衣《のうし》を着せるというようなことは、世間が騒々敷、すでに二百年近くも仕来りとして来たゆえ、今さら行うことのできる筋とは見えず、ただこれまでの形にいたし置いて、少し配慮を付け加えたいことである。すべて上下の分ちなく、奢りの増長するもとは、多くは婦人より起こるものである。婦人の性は美悪によらず、他人の美服・髪の飾りを羨み、

損をしても、かさを賣る氣ニなるハ、商人の情なり、左様にてハ、町家者弥難義（儀）すへし、其難義（儀）を救ひ、商物買人少くする仕方ハ、奢を制するより外ニ仕方ハ有べからす、侈奢を制する仕方ハ、萬事制度を立るより外又仕方ハなかるへし、然とも、其制度を立ニ、荻生總（惣）右衛門か政談ニ記せし如く、士を土着ニし、武士ニハ直衣を着せると云ふやうなる事ハ、世間騒々敷、已ニ二百年近くも仕来りし事ゆへ、今更行るへき筋とハ見へす、只是迠の形ニなし置て、少し差略を付度事なり、總て上下の分ちなく、奢の増長する元トハ、多くハ婦人ゟ起るものなり、婦人の性ハ美悪ニよらす、他人の美服髪の飾を羨ミ、分相應ニ夫を見学、媚を人ニ求るを快とするものなり、右故、時々の流行ニ従ひ、増長して、今の風俗となりた

分相応にそれを見学び、媚を人に求めるのを快しとするものである。

右ゆえ、時々の流行に従い、増長して、今の風俗となったものである。もちろん、これまで上より御法度、御触はあるけれども、永く止み難いのは理由のあることである。貴老が仰せの通り、結局は、御代（徳川の治世）が治まった初めの頃は、諸民が何事も何事も上の御事は一筋に有難く思っていたから、一寸と仰せ出だされたことも、早速によく行き届き、守ったように見えた。これは全く初めて泰平の御代に出逢った人民であったから、このうえなく有難く思っていたためであろう。現在は泰平に馴れてしまった人民たちであるため、御仁恵にある人が、何事を仰せ出されても、常のことに思い、その当坐は守るようではあっても、ほどなく行われなくなることである。いつも同じような御触で、その形の改まらざるゆえであろう。だから、下々の者においては、天下の三日法度というように心得ているものもあり、このうえも同様のことで、永く行われないときは、

るものなり、勿論、是迄、従　上御法度御觸ハあれとも、永く難止ハ所以あることなり、貴老仰の通り、畢竟、御代治りし初ハ、諸民が何事も〳〵　上の御事ハ一筋ニ難有奉存候故、一寸と被　仰出し事も、早速ニ能行届、守たる事と見へたり、是ハ全く初て泰平の御代ニ出逢し民ともゆへ、無此上難有奉存候故なるへし、今ハ泰平ニ馴たる民ともゆへ、御仁恵ニあまへ、何事を被　仰出ても、常の事ニ思ひ、當分ハ守るやうにても、無程破れ行事なり、いつも同し様成御觸ニて、其形の不改ゆへなるへし、去ニより、下々ニてハ、天下の三日法度と云ふやうニ心得居るものもあり、此上も同様にて、永く不行ハレときハ、上の御威光も薄き様にて、千萬恐入たる御事なり、然ハとて、此難有　御代ニ馴来りしも

上の御威光も薄くなったようで、千万恐れ入ったことである。であるからといって、この有難い御代に馴れて来てしまったものに、今日、仰せ出されたからといって、明日より改めるようには、とても行われ難い事であろう。

衣類はもちろん、そのほかの物までも、急には取り調えがたく、殊に人には貧富もあることであるから、貧者は時に差支えて取り調えがたく、それゆえ、これまで仰せ出されがあっても、止むを得ず、これも着し、あれも着るという間に、誰も咎める人もなく、久しからずして守らないようになっていったことである。

このうえ、これを改めるには、今年より何ヵ年の間は、これまでの品を用い、何の年何月何日よりは急度用いることはできないと、あらかじめ触れ置かれ、その年月に至ったならば、御役人が巡廻して、もし守らない者があったならば、途中で剝ぎ取るとか、または厳しく御咎を仰せ付けられるようにするとか、このようであれば、みな人は誰でも難儀なく改めることがで

のニ、今日被　仰出て、明日より改候様ニハ、迚も難行事なるへし、衣類は勿論、其外の物までも、急ニハ取調かたく、殊ニ人ニハ貧富もあるものゆへ、貧者ハ別て差支難取調、夫故、是まて被　仰出ありても、不得止、是も着し、彼も着する間ニ、誰レ咎る人もなく、不久して不守やうニ成行し事なり、此上、是を改るニハ、今年より何ヶ年の間ハ、是までの品相用、何の年何月何日よりハ急度用候事不相成と、前方ニ被觸置、其年月に至り候ハヽ、御役人相廻り、若不守者あらハ、途中にて剝取候とか、又ハ厳敷御咎被　仰付候とか、有之候ハヽ、皆人難儀なく可改事と被存なり、尤御定ニ、町人の妻女ハ木棉何色ニ限り、帯も何ニ、櫛笄簪も一本ツヽに限り、元結ハ色紙被用、笄簪も金銀ハ云ふニ不及、真鍮錫鉄の磨と申

きると思われる。

もっとも、御定に、町人の妻女は木棉何色に限り、帯も何に、櫛・笄・簪も一本ずつに限り、元結は色紙を用いられ、笄・簪も金銀はいうにおよばず、真鍮・錫鉄の磨きというようなる金銀に紛らわしい品は、みな禁じられ、そのほか、塗り下駄二、三枚、重ねの草履の類、一々不益の奢りの品一切禁ぜられるならば、他を見て羨む心なく、自然と奢りは相止むであろう。

但し、毎月、朔望あるいは五節句などは格別のことにして、絹・紬の類を許されるのがよかろう。しかし、これも縮緬・張り緞子染というような紛らわしい品は、これまた禁ぜられたほうがよろしかろう。

このように定法が立っても、広大な江戸のことであるから、武家の妻女の真似をして往来するものもあることであろう。それは何程富裕の町人であっても、供人が脇指をさすことはならないように定め置けば偽ることはできないであろう。また、武家奉公に出している娘子供が宿下りの節、拝領の品ということで、着用

様成、金銀ニ紛敷品、皆被禁《キンセ》、其外、塗下駄二三枚、重子の草履の類、一々不益の奢の品一切被禁候ハヽ、他を見て羨心なく、自然と奢御相止、但シ、毎月朔望或五節句杯ハ格別の事ニして、絹紬の類被差免可然、然し是も縮緬張緞子染と云ふやう成、紛敷品ハ是亦被禁可宜事なり、ケ様に定法立候ても、廣大成江戸の事、武家の妻女の真似をして徃来するものもあるへし、夫ハ何程冨有の町人ニても、供人脇指をさし候事不成事ニ定置ハ、偽り候事相成まし、又武家奉公ニ出置候娘子供宿下りの節、拝領の品とて、着用するものも有へし、是ハ町家ニ居候間ハ着用不成事ニ定置て然、右之通り定り候上ニも不守者見懸候ハヽ、廻りの役人相糺、其出所の名主家主不糺しの越度ニして、御咎メ有之ハ、其者共出精し、必

するものもあるであろう。これは町家に居る間は着用ならざることに定め置いてよろしいわけである。

　右のように定まったうえでも守らない者を見かけたならば、廻りの役人が相糺し、その出所の名主・家主が糺さなかった越度にして、御咎めがあれば、その者どもは精を出し、必ず相改るであろう。

　そのようであれば、自然と上の御世話も少なくて行き届くであろう。

　なおまた、婚姻・葬礼は人間一生の大礼であるから、これは格別のことにして、衣服は礼に叶うようにしてよいであろう。ただし、そのときはその所の名主より札でも、書付でも、目印の品を渡し置いたならば、礼もたち、妨げにもならないであろう。また朝鮮人・琉球人が来聘の節は、外国への御外聞にもなるので、これは非常のこととして、臨時に宜しいように御触れされて、許可があってよろしいだろう。かつ遊女や芝居者などの衣類は、もっとも御定法があってほしいことである。

相改可申、左候ハヽ、自然と上の御世話少く可参届、将又、婚姻葬禮ハ人間一生の大礼故、是ハ格別の事ニして、衣服礼ニ叶候様ニして可然、但し、其刻ハ其所の名主より札ニても、書付ニても、目印の品渡置候ハヽ、禮も立、妨ニも成申まし、又朝鮮人琉球人未聘の節ハ、外國への御外聞ニも候間、是ハ非常の事ニして、臨時宜様御觸あり、御免有候ハヽ、可然、且遊女芝居者是等の衣類、尤御定法有度事り、

　有徳院様　御代、佐野川市松と申芝居者、木綿緞子着せし所、織物ニ似寄品着し候とて、御叱り有り、これ京都にての事にて、其所の町奉行所江被　呼出、御咎ありしを、我ら幼年の時承たり、尤当時一ヶ年何度と云ふ衣裳改と云ふ事あり、其日ハ内分にて為知遣すものありて、改め衣裳と云ふものを急て拵置、

有徳院《（徳川吉宗）》様の御代、佐野川市松という芝居者が木綿緞子を着したところ、織物に似た品を着しているということで、御叱りがあった。これは京都でのことであって、その所の町奉行所へ呼び出され、御咎めがあったのを、我らが幼年の時に聞いたことである。もっとも、当時、一ヵ年に何度という衣裳改めということがあって、その日は内分で知らせ遣すものがあって、改めの衣裳というものを急いで拵い置き、改めのとき、役人へばかり見せることであった。常に用いる結構な衣類は隠し置き、役人へは見せないことであった。このようなことは、上の御法にはあるはずのないことである。これらは厳しく仰せ渡しがあって、御定めが極っているように致したいものである。すべて遊町、芝居は風俗を破る第一の場所であるから、特別に意を用いて、急度制禁を立て置きたいものである。

　有徳院《（徳川吉宗）》様の御代、今も流行する豊後節という浄瑠璃に風俗を破るものであると、御法度に仰せ付けられた。その浄瑠璃指南をいたしている者は、合棟の下に仰せ

改の時、役人へ計見する事なり、常に用る結構成衣類ハ隠し置、役人へハ見せさる事なり、如許事ハ、　上の御法ニハあるましき事なり、此等厳敷被　仰渡ありて、御定極り候様ニ致度事なり、總て遊所芝居ハ風俗を破る第一の場所故、別而意を用、急度制禁立置度ものなり、　有徳院様　御代、今も流行する豊後節と云ふ浄瑠理（璃）ハ風俗を可破ものなりと、御法度ニ被　仰付たり、其浄瑠理（璃）指南いたし候者ハ、合棟の下ニ被　仰付しニより、其頃ハ平人の家抔へハ其大夫ハ不呼事なり、然ニ、其節、宮古路文字太夫同加賀大夫と云ふ両人ハ、依願合棟の下ニ入す、如何なるゆへニや、其訳ハ不知、其時分、米の相場の高かりしか、易かりしか、豊後節八斗弐舛ニ觸られてと云ふ狂歌上句覚へたり、幼年の時ゆへ、下句ハ

付けられたことから、その頃は平人の家などへはその大夫は呼ばないことである。ところが、その節は、宮古路の文字太夫、同加賀大夫という両人は、願いにより合棟の下に入れず、いかなるゆえか、そのわけは知らず、その時分、米の相場の高かったか、安かったか、「豊後節、八斗弐升に触れられて」という狂歌の上句を覚えていた。幼年の時のことゆえ、下句は忘れてしまった。その時分までは、このようなことも御世話があったが、その後は寛宥の事ばかりで、そのような沙汰も聞かない。

　さて、右の浄瑠璃、今は盛んに流行し、その文句の卑劣なること、有徳院様（徳川吉宗）御時代の豊後節とは十倍も悪くなってしまった。それを取り組んだ芝居・狂言の作り方は、実に婦女子に淫乱を教える発端となることのみである。狂言綺語とはいいながら、あまりに妄りなることで、意ある人は見るに堪えず、これらは何とかよきほどに定め方もあるべきことである。このことは別事ではあるが、序ながら申すことである。

　さて、衣類その外の品について、御制度を仰せ出され

忘れたり、其時分まてハ、ケ様の事も御世話ありしか、其後ハ寛宥の事計ニて、左様の御沙汰も不聞、偖右の浄瑠理(璃)、今ハ盛ニ流行し、其文句の卑劣なる事　有徳院様　御時代の豊後節とハ十倍も悪しく成たり、其を取組たる芝居狂言の作り方、實ニ婦女子ニ淫乱を教る端と成事のミなり、狂言綺語とハ云ひなから、餘りニ妄成事、意ある人ハ見るに不堪、是等ハ何とか能程ニ定方も可有事なり、此義(儀)ハ別事なれとも、序なから申なり、偖衣類其外の品、御制度被　仰出ハ、下々婦人の情故、目馴聞馴ぬ事ハ氣受あしかるへし、然とも、実ニ世上の為ニ候事ゆへ、不苦事と被存なり、假令ハ不身持の子供ニ、親の異見するに気ニ不合事ハ氣受不宜ものなり、然とも、実ニ其者の為ニいへハ、内心ニ無理とハ不聞ものなり、

れば、下々の婦人の気持ちからして、目馴れ、聞き馴れぬことは、取り付きのわるいことであろう。しかしながら、実に世上のためにあるべきことなのだから、苦しからざることと思われる。たとえば、不身持ちの子供に、親が異見した場合、気に合わないことは気受けのよくないものである。しかしながら、実にその者のために言っていることであるから、内心では無理とは聞いていないものである。ただ、一端、心に喜悦しないまでのことである。

　近ごろ、京六条の本願寺の普請があるに付き、越後の国より大きな材木を寄進のために切り出す際に、それを引き出すに、どんなに丈夫の綱も切れてしまい人足が困ったということである。そのとき、ある人が、これは人の髪の毛で造った綱ならば切れないだろうといったことを聞き伝え、その宗門の徒が、男女とも、みな剃髪して寄進のために出したということである。その内に、さすが婦人のこと、髪を惜しみ、全部は剃りかね、少しばかり中剃りして寄進した女子があった。その後、多くの婦人

只一端心ニ喜悦せさるまての事なり、近頃京六條本願寺の普請有之ニ付、越後國より大成材木寄進のため切出候節、夫を引出すニ、如何様成丈夫の綱も切て人足困りしよし、其時、或《あるひと》、是ハ人の髪毛ニて造りたる綱ならハ切レましと申せしニより、此事聞傳、其宗門の徒、男女とも、皆剃髪して寄進ニ出せしとなり、其内ニさすか婦人の事、髪を惜ミ、悉く剃かね、少計中剃りして寄進せし女子有しとなり、其後多くの婦人ハ皆剃髪せしニ、纔一両人剃かねし者、外の婦人の髪長するまて手拭かむり居るを見て、已か夫ニ並居て髪のある、罪深きやうにて恥しく、髪毛櫛巻ニして、同し様ニ手拭かむり、他の髪長するまてハ交リしと聞り、若し右の御觸出て、人々衣服改り候上、美服着するもの有ても、已レ奢る様ニ他人の

はみな剃髪したのに、わずか一両人剃りかねた者が、ほかの婦人が髪長くするまで手拭いをかむっていたのを見て、自分の夫に並び居て髪のある罪深きように恥ずかしく思い、髪毛を櫛巻きにして、同じように手拭をかむり、他の髪長するまで交際していたと聞く。

もし、右の御触が出て、人々の衣服が改まったあと、美服を着すものがあっても、自分が奢るように他人が思うだろうと恥じることになるだろう。おおよそ、人情とはこのようなものである。

また、その当座は世間の淋しく見えることもあるかと思われるが、結局は、目馴れたところが改まるまでのことであって、なんの障りにもならないことと思われる。

今も片田舎の所は、万事が古風のままであるけれども、婦女の美悪は相分かれ、不自由なく、事は済んでいることである。

且つまた、御触れがあった後も、内々に奢りの改まらない品もあることであろう。とても大なることであるから、そのようなところまでは手が届かないものである。

可レ思と可恥事なり、大凡人情ハ如許者なり、又其當分ハ世間淋しく見ゆる事あるへきなれと、畢竟目馴し所の改るまてにて、何の障りニも不成事と存なり、今も片田舎の所ハ、萬事古風の侭にて有レど、婦女の美悪ハ相分れ、不自由なく事は済事なり、且又御觸ありて後も、内々奢不改品もあるへし、迚も大成事故、角くまてハ手ハ届かぬへし、然とも、大體人情と云ふものハ、花見遊山、親類他人の付合ニ、我人ニ劣らしと思ふ所専一なるものなれハ、他行遊山ニ美服着用不成事ニ定らハ、内々の所まても自然と可改事と存るなり、男子とても、衣服ハ同事にて可宜、先衣服の義ハ、荒増如右せハ、人家の費用大ニ可減、第二ニハ食事の奢なり、是易キレ止様ニて、却て難止ものなり、衣服其外の品ハ外物ゆへ、人々堪忍

しかしながら、大体、人情というものは、花見遊山、親類や他人との付き合いに、自分が他の人に劣るらしいと思うところがもっぱらのものであるから、他行や遊山に美服の着用がならざることに定まったならば、内々の所までも自然と改まるべきことと思われる。

　男子であっても、衣服は同じことでよく、先ず衣服のことは、あらまし右のごとくにすれば、人家の費用は大いに減ずるはずである。

　第二には食事の奢りである。これは止めやすきようで、かえって止め難きものである。衣服そのほかの品は外物であるから、人々は堪忍ができるものである。食物は腹中へ入る物であるから、一度、その味を知ると、忘れがたいものである。その証拠は、酒狂いして家をだめにし、あるいは人前で大なる恥をかき、再び顔を合わせがたいほどの恥辱を得た者も禁酒することができず、大病を煩って、ようやく命を助かった人も、長く禁忌を守ることができないのは、下賤のものの情である。

　そのようなために、商人たちはその情を知って、工夫

なるものなり、食物ハ腹中へ入物ゆへ、一度其味を知てハ難忘ものなり、其證據ハ、酒狂して家を破り、或ハ人前にて大成恥をかき、再ヒ面を難合程の恥辱を得し者も禁酒する事ならす、大病煩て、漸命助りし人も、長く禁忌を守る事を不得ハ、下賤のものゝ情なり、然るニより、商人共其情を知り、工夫し、新規の店を出し、新製の品を賣出す事、當時夥しき事なり、世間ニても、食物の商イ程利合宜ものハなしといへり、總ての事、御先代ニ比すれは、御當代ハ諸事質素ニなりたる所も有様なれ共、御改政の初ニも被　仰出たる菓子製ハ却て結構ニなり、一倍ニ越て、昔より聞及ぬ品とも出来たり、食物の事ハ内々のものゆへ、止ミかたき事なれハ、只此上ニ長せさるやうニし、新規仕出しの商物不成事ニ

して、新規の店を出し、新製の品を売り出すことが現在夥しいのである。

　世間でも、食物の商いほど利合いのよいものはないといっている。すべてのことが、御先代に比すれば、御当代は諸事質素になったところもあるようであるが、御改政の初めにも仰せ出された菓子作りは、かえって結構になり、一倍に越えて、昔より聞き及ばぬ品ともが出てきている。食物のことは内々のものであるから、止みがたいことであるから、ただこれ以上に長じさせないようにし、新規仕出しの商い物をしないことにとりきめたいものである。

　以後、新店を出そうとしたり、または、商売替えをする者は、そのとき、所の家主へ届け、家主より名主へ報告し、品により町奉行所へ届け、許可を得て商いするほどに厳しく御法を立て置かれるならば、長ずることはあるまいと思われる。

　且つ、初物商いをすること、前々御定めもあるけれども、兎角、妄りになり、商人ども利合いのよいことから、

相定度事なり、以来新店出候か、又ハ商買替致候者ハ、其節、所の家主へ届、家主より名主へ達し、品ニより町奉行所江届、得　御免商候程ニ厳敷御法被立置候ハヽ、長キ事ハ有ましき事と被存候なり、且、初ツ物商イ候事、前々御定も有之候得共、兎角妄ニ成り、商人共利合宜事ゆへ、色々工夫し、初物作り出し賣事なり、別て、近来ハ萠しの仕方功者に成り、色々の品を作り出し、蕗三葉芥獨活根芋葉生姜の類ハ、年中不絶程上手ニなり、是等の為ニ金銀を費事も亦多し、此義も急度御定立不守者ハ、賣人も、買人も、御咎被　仰付候程ならハ、相止ミ可申なり、如許成候ハヽ、自然と無益の品出来す、人家の雑費少く成可申、第三ニ住居事なり、是も貴老仰の如く、無益の費多し、假如ハ、角棟作り、大格子な

いろいろ工夫して、初物を作り出して売るのである。

とりわけ、近頃は、萌しの仕方が上手になって、いろいろの品を作り出し、蕗三葉、芥独活、根芋、葉生姜の類は、年中絶えないように上手に作るようになり、これらのために金銀を費すこともまた多い。このことも、急度、御定めを立て、守らない者は、売る人も、買う人も、御咎めを仰せ付けられるほどのことをされるならば、止むはずである。このようになれば、自然と無益の品は出てこず、人家の雑費も少なくなるはずである。

第三には住居のことである。これも貴老の仰せられるように、無益の費えが多い。たとえば、角棟を作り、大格子など、無益のことのみで、水茶屋までも数寄屋のごとく、庭には飛石を据え、石燈籠を置くようになったので、それを見、学んで、家毎に風流を第一のことにすることなどは、いちいち挙げて言いきれない。

これらも、町家の分は、すでに在るものは、まず、当分そのままにしておいて、重ねて普請するときは、家作の高さ何程と定め、そのほか無益のことにならないよう

と、無益事而已ニて、水茶屋までも数寄屋のことく、庭ニハ飛石を居へ、石燈篭を置候様ニ成行しゆへ、夫を見学、家毎ニ風流を第一の事ニ致事なとハ一々挙《あけ》て云ひかたし、是等も町家の分ハ、在リ来ハ先ツ當分其侭ニ差置、重て致普請候節は、家作高サ何程と相定メ、其外無益の事不成義ニ御定法立候て、新規造作の節ハ名主へ届ケ、改を受、致普請候様ニ致度候、左候ハヽ、実用の所も宜ク、是又雑費も少事と被存なり、偖衣食住三ツ、外ニも近来仕出しの正月刮リ懸ケ柳弁當なといへる瑣細便利なりと思ひなす事ハ費目立ぬやうなれと、日々増長するニ従ひ、人々の身上、費ニ成事夥しきもの、此類町家の渡世難義(儀)となるの一ツなり、是等ニより物價段々引上し事なるへし、總て町人と云ふものハ、己〱か

に御定法を立てて、新規の造作のときは名主へ届け、改めを受け、普請をするように致したいものである。そのようであれば、実用の所もよろしく、これまた雑費も少ないことと考えられる。

　さて、衣食住の三ツ、ほかにも近来、仕出しの正月刮懸《けずりわけ》、御弁当などといった瑣細で便利であると思われることは、費えが目立たぬようであるけれども、日々増長するに従い、人々の身上が費えになること夥しいもので、このような類が町家の渡世が難儀となる原因の一つである。これらによって、物価を段々引き上げたことなのである。すべて町人というものは、自分自分の身上のために、万事に利合を考え、一ヵ年の暮し方に引き合い勘定をして、商売物に利を付け、商うものである。その暮し方に引き合わなければ商買物の利を増して売ることは町家の常である。このことは一家のことではない。人々奢って費えが多いゆえ、諸商人は諸物の価を引き上げることが相互に行われて、自然と勢の付いたことなのである。このようなわけで、現在のごとく、段々と諸物の価が高

身上のためニ、萬事ニ利合を考へ、一ヶ年の暮方ニ引合勘定して、商買物ニ利を付、商ふものなり、其暮し方ニ不引合ハ商買物の利を増シ賣事町家の常なり、此事一家の事ニあらす、人々奢て費多キゆへ、諸商人諸物の價を引上し事相互ニ成て、自然と勢の付し事なり、此故ニ當時の如く、段々と諸物の價高く成たる事と知らる、貴老仰のことく、江戸ハ萬の物金銀ニて買調ること、實ニ旅宿同前の義なれハ、町家ニて物の價を引上る時ハ、其弊武家ニ及ヒ、武家一統の難義(儀)となることなり、右故、当時の大小名ニ勝手困窮せさるハなし、夫ハ何故なれハ、假如ハ十萬石領する大名ニて、十萬石の米穀を家中飯米を残し、其外ハ便利宜所ニて賣拂、皆金ニし、其内、何程ハ江戸の手當ニ持越、一ヶ年の雑用となせし事なり、昔

くなったことが知られる。

貴老が仰せられるごとく、江戸は万の物を金銀で買い調えることが、実に旅宿同前のわけであるので、町家で物の価を引き上げるときは、その弊が武家に及び、武家一統の難儀となることなのである。

右ゆえ、現在の大小名において勝手向きの困窮しないものはない。それは何故ならば、たとえば、十万石を領する大名で、十万石の米穀を家中飯米を残し、そのほかは便利よろしき所で売り払い、みな金にし、その内、何程は江戸の手当に持ち越し、一ヵ年の雑用に充てることなのである。昔はその定め通りで事が済んだのであるが、次第に物価の上るに随い、その分では事が足らず、段々と加増し、加増しても、なお足らず、軍役の人馬を減らし、家中の宛行(支給)を借り、これで間を合わせても、また足らず、終には借金で用を弁ずることである。昔も十万石、今も十万石は、同じことながら、不足のところを埋め合すばかりで返金も調わず、利に利が重なり、詰るところは、年延べ、なしくずしなどにして、甚しい場合には一

ハ其定通りにて事済しに、次第ニ物價の上るニ従ひ、其分にて事足らす、段々と加増し〳〵ても猶足らす、軍役の人馬を減し、家中の宛行を借り、是ニて間を合ても又足らす、終ニハ借金ニて用を弁る事なり、昔も十萬石、今も十萬石ハ、同し事なから、不足の所を埋合す計ニて返金も不調利ニ利重り、詰る所ハ年延なしくずしなとニし、甚ハ一向ニ返金手の不付やうニ成たるもあり、是知行ニハ極りありて、世の奢ハ極りなく、又物價を引上る事も極なき故なり、大小名の家事不取締りはかりニハあらす、多くハ物價の高成たる故なり、然ニより、當時大小名ニ多か少か借金なきハなし、宜と云ふか何時ニても金の貸人《かして》のあるを宜と云ふ計りなり、如許にてハ武家の義理も不立、貧故心も賎しく成り、無據、早賦の

向に返金に手の付かないようになってしまったものもある。この知行には極まるところがあって、世の奢りには極まるところがなく、また物価を引き上げることも極まりなきことなのである。

大小名の家事不取締りばかりではない。多くは物価の高くなる故である。ということから、当時、大小名には多かれ少なかれ借金のないものはない。宜しいというか、何時でも金の貸人《かして》のあるのを宜しというばかりである。このようなことでは武家の義理も立たず、貧しきゆえにも賎しくなり、拠無く、早賦の者共にも親しく出会い、行義も宜しからざるようになりゆくことである。ひとえに、その威光の衰えと、千万嘆かわしいことである。

それゆえ、当時、この弊を改め救うには、物の価を下るよう急務はなきことと、愚老は思っていることである。

これも段々と高くなってきたうえのことであれば、どのように思っても、急に下がるようにはなりがたいことである。急に下げようとすれば、下々の受け取り方が悪

者共ニも親く出会行義（儀）も不宜成行事なり、偏ニ其威光の衰と、千萬嘆ハしき事なり、然ハ當時此弊を改め救ふニハ、物の價を下るより急務ハ無こと〻愚老ハ存る事なり、是も段々と高く成り来りし上の事なれハ、如何様ニ思ひても、急ニ下るやうニハ難成事なるへし、急ニ下んとせハ、下の氣受あしかるへし、先是ハ衣食住の定度を上より被　仰出、人々渡世心易なし給ハヽ、物の價ハ自然と下るへし、偖外ニハ、町家富有者江先年より御貸付被置たる金子と、近年被　仰出たる籾蔵へ納る七分金と、此両様ハ止度ものなり、御貸付金願居候者共ハ、町々ニての富有者共なり、又町々七分金相納候者も地面持候地主共なり、是等ハ地を持居候程者ゆへ、先相應ニ渡世の成候者なり、共ニ皆町人の事故、利合の事ニハ委

くなるであろう。まず、これは衣食住の度合いを上より仰せ出され、人々の渡世が心易くできるようにして下さったならば、物の価は自然と下がるであろう。

さて、ほかには、町家・富裕者に対し、先年より御貸し付け置かれた金子と、近年、仰せ出された籾蔵へ納める七分積金と、この二つは止めたいものである。

御貸し付け金を願っている者共は、町々での富裕者共である。また町々七分積金を納める者も地面を持っている地主共である。これらは土地を持っているほどの者であるから、まず相応に渡世のなる者である。共にみな町人のことであるから、利合いのことには委しい者共ゆえ、上より右のようなことが仰せ出されると、表向きは好ましく畏まって、御請けは申し上げてはいるが、内分のところは、御貸し付けの金子が一ヵ年に一割で利足が何程になり、何年過れば、都合何程の利金を上納することになると考える。また七分積金も何年には何程納めることになるかというところを考え合わせ、このことを、それぞれの商売物に割り合わせて、同しく物の価を増すこと

敷者共故、　上より右様の事被　仰出有之候と、表向美敷奉畏候段、御請ハ申上候得共、内分の所、御貸付の金子一ヶ年ニ一割ニて利足何程ニ成、何年過れハ、都合何程利金上納候義と考へ、又七分金も何年ニハ何程納候と申所を考へ合せ、右を己々の商賣物ニ割合せて、同しく物の價を増事なり、元にて少計價増候様ニても其を受賣中、買元上れハ、又價を増、小賣ニて又増、三ヶ所ニて増候事ゆへ、一品ニても餘程高くなる事なり、如許事、相互ニ成て何もヶも價の増行故、是も世上の難義（儀）となる事なり、殊ニ右二色ハヶの町人共の事ゆへ、一年ニハ　上へ納る金高何程なれハ、何年過れハ、都合何程の高ニ成と胸算用し、　上へ計世上の金銀ハ御集被遊候様ニ心得、世の困窮ニ付てハ、人の氣受不宜、就中、七分金ハ

なのである。

買い元が上がれば、また価を増し、小売りでもまた増す。三ヵ所で増すことゆえ、一品でもよほど高くなるのである。このようなことが相互になって、何かかも価の増してゆくゆえ、これも世上の難儀となることなのである。

ことに、右の二つのことは、あの町人共のことだから、一年間で、上へ納める金高は何程であれば、何年過れば、都合何程の高になると、胸算用し、上へばかり世上の金銀は御集めになられるように心得、世の困窮に付いては、人の気受けがよくない。なかでも、七分積金は諸民の御救のためということであるから、至極、ありがたい御趣意ではあるけれども、下々より金子の出ることであるから、かえって気受けがよろしくないものである。

さて、米穀の出来、不出来は、年の気運によることであるから、万一、この後、去る丙午・丁未両年（天明六年、七年）のごとき不作が打ち続かないともかぎらない。そのときになって、この広大なる江戸中の人を、一年でも御救い下さること

諸民為御救と申義故、至極難有御趣意なれとも、下々より金子乃出事ゆへ、却て気受不宜候なり、偖米穀の出来不出来ハ年の氣運ニよる事なれは、萬一此後、去ル丙午、丁未両年のことき不作打續申間敷事ニもあらす、其節ニ至り、此廣大成江戸中の人、一年とも御救不被下候てハ相済申まし、然とも、如何程御手當ニ被置候ても、迚も左様ニハ参り届まし、先年七分金納置候と申事無之節さへ、騒立候事、増て、當時、七分金納置候上ニて、若御手届不申候てハ、其節ハ　上ニても御取扱難被遊事と被存なり、旁以、何とか品を付、是ハ御止ニ相成候様ニ致度事なり、何ケニ付、一ツの咄あり、　御當代御改政の初、江戸屋与左衛門と申老人、我等懇意故申聞候ハ、扨々難有御政事なり、拙者ハ極老の事、世の

ができないようでは済まないことである。だからといって、どれくらい御手当をして置かれても、とてもそのようには行き届かないであろう。

先年、七分積金を納めることのないときでさえ、騒ぎたてていたこと、ましてや、当時、七分積金を納めているうえに、もし御手当が行き届かないとなれば、そのときは、上においても御取り扱いがむずかしくなることと考えられる。どっちにしても、何とかかたちをつけて、これは御止めになるようにいたしたいことである。

いろいろなことにつけて、一つの咄がある。

御当代御改政の初め、江戸屋与左衛門という老人を、我らが懇意にしており聞かせてくれたことには、『さてさて有難い御政事である、拙者は、極老の身であるから、世の中が豊かになるまでは生きられないだろうが、あなたは私より年若であるから世間の直る様を見られることであろう。その昔、常憲院《（徳川綱吉）》様の御代、世中が奢りに付き、それより引き続き文照院《（徳川家宣）》様・有章院《（徳川家継）》様の御代まで奢りが止まず、世間は殊のほか困窮であったが、有徳院《（徳川吉宗）》様の御

中の豊ニ成まてハ存生致まし、其元ハ我より年若けれハ、世間の直るを被見へし、其昔、
　常憲院様　御代、世中奢付、夫より引続き　文照院様　有章院様　御代まて奢不止、世間殊外困窮にてありしに、　有徳院様御代ニ至り、此節の如く、何角御世話被遊候故、十四五年過候と、世上甚豊ニ成たり、今度も同し様にて可有と申たり、然ニ最早、御改政後二十年近く及候へとも、兎角世上豊ニも不成人々難義(儀)ハ相増候様ニて、近頃ハ弥困窮に至るやうなり、　有徳院様の　御代まてハ、未質素の風俗残り居候所江、世の取飾第一ニ御世話被遊、其上金銀吹替も両度まて被　仰出、其外色々目立候事共被遊候故、世人面目を改め、諸物の價も下り、奢も今程ニ不長事故、早々豊ニ成たる事と見へたり、當時も右ニ申

代になって、現在のごとく、なにかと御世話をなさるので、十四、五年過ぎて、世上が甚だ豊かになった。今度も同じようであるべきである』といわれた。ところが、もはや二十年近くに及んでいるけれども、兎角、世上は豊かにもならず、人々の難儀は増しているようで、近頃はいよいよ困窮に至っているようである。

　有徳院様の御代までは、まだ質素の風俗が残っていたところ、世の取り飾り第一に御世話なされ、そのうえ金銀の吹き替えも二度までも仰せ出され、そのほかいろいろ目立ったことをなさったので、世人は面目を改め、諸物の価も下がり、奢りも今ほどには長くなかったので、早々に豊かになったことと思われた。

　現在も、右に述べた通り、何年過ぎたならば、衣服そのほかの品を用いることを禁じられるというような、目覚ましい御触をお出しになったならば、世人の面目も改まり、商人共は仕入れた代物を年限中に売り尽くそうという心になり、価を引き下げることになるであろう。その勢いについては、極めのほか、品にまでも、自然と勢

せし通り、何年過候ハヽ、衣服其外之品用候事被禁候と申様成、目覚しき御觸被　仰出候ハヽ、世人面目改り、商人共仕入候代物、年限中ニ賣尽候心ニなり、價を引下ケ可申なり、其勢ニ付てハ、極メの外、品ニまても自然と勢折ケ下直ニ成り可申候、品ニより鳥目御買上も可宜か、其間ニハ御觸の年限ニも可至、其節ハ、弥諸色、物価下直ニ成、世中豊ニ可成と被存事なり、偖右御法度御觸ハ文言至て深切ニ、親の子ニ異見いたし候様ニ、世人奢故、世中及難義(儀)段、頑愚者も致納得候様ニ有度事なり、假令ハ是まて世間奢ヶ間敷義相止メ候様、度々被　仰出も有之候得とも、色々品を易へ、無益の品賣出し、世上奢り不止、人々渡世及難義(儀)候段、上へも相聴へ、不慜ニ思召候間、今度、衣服其外之品、御定メ被成

折れ、下値になると思われる。品により、鳥目御買い上げも宜しいが、その間には御触の年限にも至ると思われる。その節は、いよいよ諸色・物価が下値になり、世の中が豊かになると考えられる。

　さて、右の御法度、御触は、文言は至って深切に、親が子に異見するように、世人が奢るので、世の中が難儀になっていることを、頑愚者にも納得するようにありたいことである。

　たとえば、これまで世間の奢りがましきことを止めるよう、度たび仰せ出されても、いろいろ品をかえ、無益の品を売り出し、世上の奢りは止まず、人々の渡世が難儀に及んでいることが、上へも聞こえて、不愍に思われ、今度、衣服そのほかの品、御定めなされたので、その旨を急度まもり、渡世を続けることができる。もっとも、只今、急に改めては、事が差支え、難儀するものもあると思うので、この後、何年何月何日より改めるということを、明らかに世の困窮御救いということを分かるように書き取った御触を出されれば、人々は納得し、有難く

候間、其旨急度相守り、渡世取續可申候、尤只今急ニ相改候事ハ差支、致難義(儀)者も可有間、此後、何年何月何日より改可申と申段、明ニ世の困窮御救と申事相分候様ニ書取候御觸出候ハヽ、人々納得し、難有承知可仕事なり、何ニも下々氣受不宜時ハ、行末永く不行ものなり、勿論此御觸ハ、京大坂とも同様致度ものなり、江戸の奢ハ、是まて見及候所、多ハ上方より仕出しの物出来、夫を見習ふやうなり、偖、三ヶの津さへ改ハ、田舎ハ御觸なくとも、自然と行届可申と被存事也、魯西亜と云国ニて、阿蘭陀國の衣服便利宜とて、其衣服ニ改候初メ、都内計改て、都の四方出口〳〵ニ、右仕立の衣服商店を出し置候しニ、都へ入来る者買調帰りてハ、都の評判せしにより、三四年の間ニ邊鄙まて行届、國内衣服改りしと

承知することになり、何につけても下々の気受けがよくない時は、行く末永く行なわれないものである。もちろん、この御触は、京・大坂とも同様に致したいものである。江戸の奢りは、これまで見及んでいるところ、多くは上方より仕出したものが出てきて、それを見習うようである。

偖、三ヶの津さえ改まれば、田舎は御触がなくても、自然と行き届くと思われることである。魯西亜という国において、阿蘭陀国の衣服が便利がよいといって、その衣服に改めた初め、都の内ばかり改めて、都の四方出口出口に、右の仕立ての衣服を商店に出して置いたところ、都へ入り来たる者が買い調えて帰っては、都のことを評判したことによって、三、四年の間に辺鄙まで行き届き、国内の衣服が改まったと伝え聞いた。兎角性急にではなく、自然と改まるようでなければ、人の気受けはよろしくないものである。この御触もより以前に出ていたならば、さぞ、何かと評判をいたす者もあることであろうから、それは別に差支えないことと思われる。

承傳へたり、兎角性急ニなく、自然と改る様ニあらされハ、人の氣受ハ不宜事なり、此御觸も前方ニ出たらハ、嘸何角と評判致者も可有、夫ハ不苦事と被存なり、　有徳院様御時、相對死御法度被　御出候比、下々ニて申候ハ、命を捨んと云合せし者か、如何ニ　上の御法度なれハとて、可守やと奉譏候よし、其後、本郷の糀屋治兵衛とか申者と、遊女の音羽とか申せしと、致相對候所ニ、仕損候ニ付、初て日本橋ニてさらし候　仰付候ニ付、其後相對死少く相成候よし、依之、下々奉感候段、老人の物語りニ承たり、且其頃ハ萬事御世話強故、無益の物買人少く、田舎へ引込候町人も多く、奢甚御制し強く、家居も土蔵造り被

仰出、火事も少く成候ニより、時の狂歌ニ、

御法度の能かわらぬハ、天下一、比丘尼

有徳院様（徳川吉宗）の時代に、相対死が御法度で出されたところ、下々で言っていたことは、命を拾おうと云い合わせた者か、どんなに、上の御法度だからといって、守るべきかどうかと譏《そし》ったということである。その後、本郷の糀屋治兵衛とかいう者と、遊女の音羽とかいう者と、相対したところが、仕損なったので、初めて、日本橋で晒しに仰せ付けられたことがあって、その後は相対死が少なくなったということである。これにより、下々が感服したということを、老人の物語りに承った。かつ、その頃は、万事について御世話が強かったので、無益の買人は少なく、田舎へ引き込んでいる町人も多く、奢りについては甚た制限が強く、家居も土蔵造りを仰せ出され、火事も少なくなったことにより、当時の狂歌に、

御法度の能《よく》かわらぬハ、天下一、比丘尼の頭巾、乗物の棒、

少なきは、金の借り口、火事の沙汰、店の商、扨は心中、

の頭巾、乗物の棒、少きハ、金の借口、火事の沙汰、店の商、扨ハ心中、世に多し、明店、夜鷹、出開帳 此下句失念いたし候
と申事承及候、此心中御法度の所を以て考候ニ、何ニ右申候衣服其外の物定度、前方ニ御觸被出置候て、年限通不守者ハ御咎被　仰付候ハヽ、世中ハ直り可申候、但し、武家の分ハ格別の事故、此衣類等ハ別段御定も可有事なり、其内至て軽き小役人・足軽等、男子ハ帯刀ニて分れ可申候得共、供人無之、婦人ハ分れ申まし、其分ハ町方と不混様ニ、染色ニても定置候ハヽ、是も可分事なり、ケ様ニ相成候ハヽ、上下の分も立チ、世の締ニも成、可宜事と被存なり、偖衣食住の法立候ても、金銀融通不宜ハ、世の難義（儀）ハ直り申まし、専此融通ハ能様ニ有度事なり、總て金銀と云ふも

世に多し、明き店、夜鷹、出開帳
此の下句失念いたしました。

ということを聞き及んだ。この心中御法度のところをもって考えるに、何れに、右に述べた衣服そのほかの物を定めたく、前もって御触を出し置かれて、年限通り守らない者は御咎に仰せ付けられれば、世の中は直ると思われる。ただし、武家の分は格別のことであるから、この衣類などは特別に御定めもあるべきことである。そのうち、いたって軽い身分の小役人、足軽など、男子は帯刀で区別がわかるわけではあるけれども、供人がなく、婦人は区別がつきにくい。その分は町方と混同しないように、染色でも定め置いたならば、これも区別のつくことである。

このようになれば、上下の区分もたち、世の取り締りにもなって、よろしいことかと存ぜられることである。

さて、衣食住の法が立っても、金銀の融通がよいようであって欲しいことである。総じて、金銀というものは、

のハ、融通宜時ハ百両の金子四五百両の用をなし、融通あしく不動時ハ、百両か百両の用もなさるものなり、近来世間困窮ニ付、金子借候人返金約束ニ相違し、貸候人利分不引合、甚しきハ一向返金なさゝるも有ニより、段々融通あしく成候事なり、然とも、冨有成町家分ハ、仲間中通用ハ江戸計ニ無之、京大坂まて、近比まても致通用候所、一両年前、三谷㐂三郎と申者の手代萬屋次郎兵衛と申者自身の奢強く、主人の身上内分ニ不足を付ケ候所へ、其年の暮、外ゟかり居り候金子入用ニて取戻ニ来り候節、返金手支候よし聞傳へ、兼て金子預ケ置候者共、追々聞付、我も〳〵と取戻ニ参候所、八方故猶々、手支甚しく成、急ニ戸を〆、家業相休し事有之候き、是を以て其後融通いよ〳〵不通ニ相成候、其ハ何故なれハ、

融通のよいときは、百両の金子が四、五百両の用をなし、融通が悪く動かないときは、百両が百両の用もなさないものである。近来、世間困窮につき、金子を借りている人が返金の約束を違い、貸している人の利分が引き合わず、甚しいときは、一向、返金しないものもあって、だんだん融通が悪しくなることである。だからといって、富裕な町家の分は、仲間中の通用は江戸ばかりではなく、京・大坂まで、近頃までも通用いたしているところであったが、一両年まえ、三谷㐂三郎という者の手代萬屋次郎兵衛という者、自分自身の奢りが強く、主人の身上内分に不足を付けてしまったところへ、その年の暮、ほかより借りていた金子を入用につき取り戻しに来た際、返金に手支えを生じてしまったと聞き伝え、かねて金子を預け置いた者たちが、おいおい聞きつけ、我も我もと取り戻しに来たところ、八方わけもなく、手支えが甚しくなり、急に戸を締め、家業を休んだことがあった。

　これをもって、その後、融通はいよいよ不通になってしまった。それは何故かというに、全体、金銀というも

全体金銀と云ふものハ、何程冨有者ニても、手元ニハ左程多く貯へ置ものにあらす、たま〳〵多く貯へたるものあれハ、番人ニても付置、致用心事なり、然ニ、纔ニ二三百両の金子貯へ出来たる人ハ、宅ニ置て番人付置程ニもなく、されハとて、猥ニ置ハ盗賊の恐もあり、又自身ニも無益の事ニ費し易きものゆへ、冨有者へ預ケ置、一分とか二分とか、少分の利足ニて頼置候へハ、少ツ、利も付候而巳ならす、便利ニも宜、手元ニあるよりハ、却て心遣もなく候事故、多くハ慥成方へ思ひ〳〵ニ預け置事なり、此故ニ冨有者ハ是を利合能く他へ貸出す事故、増々冨有ニ成ものなり、ケの三谷㐂三郎ハ外の冨有者共より利合宜預り候事故、小金抔候もの多く預ケ置候事ゆへ、他見ニハ殊外操廻し能様ニ見へ候事なり、夫故上

のは、どんなに富裕者でも、手元にはそれほど多く貯え置くものではなく、たまたま多く貯えている者がいれば、番人でも付けておき、用心することである。しかるに、わずか二、三百両の金子を貯えの出来た人は、自宅に番人を付け置く程のこともなく、だからといって、みだりにおいておけば盗賊の恐れもあり、また、自分自身でも無益のことに費やし易いものであるから、富裕者へ預け置き、一分とか二分とか、少分の利足で頼み置いておけば、少しずつ利も付くだけでなく、便利にもよく、手元にあるよりは、かえって心遣いもないことであるので、多くはたしかな方へ思い思いに預け置く事なのである。それだから、富裕者はこれを利合いよく他へ貸し出すことゆえ、ますます富裕になるものである。

　かの三谷㐂三郎はほかの富裕者どもより利合いよく預かって、小金などというものを多く預け置いたために、傍目《はため》には、殊のほか繰り廻しがいいように見えたことである。それゆえに、上方までも手広く金銀取り引き致し、いたって様子のよろしいところであったが、手代の次郎

方までも手廣く金銀取引致し、至て様子宜候所、手代次郎兵衛か事ニより、内分の不足、一時ニ見ワれ、手操難成、身上打明ケ及公邊候所、常の金銀貸借の御捌ニ相成候故、江戸計ニ無之、上方まて甚手厚候身代と見込、金銀致懸引候者共、存外之事ニて、大に驚入候由、纔二十萬両計の金子と聞傳候へとも、為融通ニハ大成妨ニ相成候と申事なり、此訳ハ兼て慥成と見込たる喜三郎さへ如右なれハ、是迄宜と存たる冨有者も無心元存、金子預ケ置候者共、次第〳〵ニ手を引候様ニ成、取戻候者多成、近来ハ金銀の働俄不宜成候となり、又、実ニ冨有ニて金銀振廻候者も、次郎兵衛か所為ニ見懲して、手代を疑ひ、貸借を相休候者も有之、旁以融通不便利ニ成り来り、去年の盆前ゟ暮ニ至り、格別ニ融通不宜段承及候事也、

兵衛の事により、内分の不足が、一時に露見して、手繰りが出来ないようになり、身上を打ち明け、公辺にことが及んだところ、常の金銀貸借の御捌きになったため、江戸ばかりではなく、上方までも甚だ手厚い身代と見込み、金銀懸け引き致していた者共が、考えもしていなかったことで、大いに驚き入ったということである。わずか二十万両ばかりの金子と聞き伝えていたことではあったが、融通させるには大なる妨げになったということである。このわけは、かねてたしかなるものと見込んだ㐂三郎さえも右の如くであるから、これまでよいと思った富裕者も心もとないものであると思い、金子を預け置いた者共も、次第次第に手を引いてしまうようになり、取り戻しをする者が多くなって、近来は金子の働きが急によくなくなったというわけである。

　また、実に富裕で金銀の運用をしている者も、次郎兵衛のせいで、見懲りしてしまい、手代を疑い、貸借を休んでいる者もある。どっちにしても、融通が不便利になってきて、去年の盆前より暮になって、格別に融通がよく

此趣ニてハ、今一両年も過候ハヽ、融通弥不便利ニ相成可申也、總て金銀ハ慥成事なれハ、融通ハ正金ニあらすとも相済位のものなり、近年まて町家ニて、人の慥成と見込候者の手形ハ、何國まても致通用候事なり、其理ハ為替金と同事なり、此節、金銀の融通を宜せんと思ハヽ、上より新ニ金銀融通會所と申所を御立被差置候て、是まて納候七分金と御貸付被置候金子を會所の元金ニなし、其上江何者ニても金子預ヶ度と申者有之ハ、是も會所へ預り置、両様を以て融通を付候ハヽ、金子不居付動働可申事なり、其仕方ハ、假令ハ預り候金子ハ百両以上と定メ、入用の節ハ何時ニても下る事ニ成候事ニ定置、偖、預り置し内ハ百両ニ付一ヶ年ニ何程とか利分遣候約束ニ定候ハヽ、預ヶ候者多く可有之候、偖、借り候

ないと聞くようになったことである。すべて、金銀はたしかなものであるから、融通は正金でもなくとも済むくらいのものである。

　近年まで、町家で、人物がたしかであると見込んだ者の手形は、何国までも通用することである。その理由は、為替金と同じであるからである。この節、金銀の融通をよくしようと思うならば、上より新たに金銀融通会所というような所をお立てになって、それまで納めた七分積金と御貸し付けになった金子を会所の元金とし、その上へ誰でも金子を預けたいという者があれば、金子を据え付け置ず動かし働かせるべきことである。

　その仕方は、たとえば、預る金子は百両以上と定め、入用のときは何時でもおろすことができるように定めておく。さて、預り置くうちは百両につき一ヵ年に何程とか利分を支払う約束に定めれば、預ける者の多くあることであろう。さて、借りた方も百両以上と定め、これまた一ヵ年に何程と利分を定め、預けている者へ一分の利足を支払い、借りた者からは三分の利足を出すことにし、

方も百両以上と定メ、是亦一ヶ年ニ何程と利分を定メ預ヶ候者へ一分の利足遣候ハヽ、借り候者よりハ三分の利足出し候事ニし、一分ハ預り候者へ返候節の手当ニし、一分ハ会所入用ニし、一分は積置て救民の御手当ニなし候ハヽ、可宜事と被存なり、尤金子借度と申者引当慥成事ニ候ハヽ、何人ニても用立候事ニなしたらハ、上の会所の事故、慥成事無此上事故、預ヶ候者致安堵可出事なり、又借り候者も　上の御会所の義返済可有相違様なし、倶に利易の事ニ定置候ハヽ、便利ニも至極の事と被存候事なり、尤慥成引当と云ふハ、町家ならハ地面、大小名ハ知行所、御蔵前取ならハ右を引当とし、高ニ応し借付る様ニ定置、仮令ハ大名ニて高十萬石の知行ならハ、金高ニ応シ知行の内一萬石か二萬石を返金相済候

一分は預っている者へ返すときの手当てにすればよろしいことかと存ぜられる。

もっとも、金子を借りたいという者も引き当てがたしかであるならば、誰でも用立てることにしたならば、上の会所のことであるから、たしかなことこの上ないことで、預ける者も安堵して出すことである。また、借りる者も上の御会所のことであるから返済は間違いのないようにし、ともに利やすのことに定めおいたならば、便利・至極のことと思われることである。

もっとも、たしかな引き当てというのは、町家ならば地面、大小名は知行所、御蔵前(※)取らならば、御蔵米を引き当てとし、高に応じて借り付けるように定め置く。たとえば、大名で高十万石の知行ならば、金高に応じ知行のうち一万石か二万石を返金して済ますまでは、公儀へ差し上げ置く意にし、御預り地の年貢を納める例の如く、諸事を取り扱い、手数を定め、返納が済めばよろしく、旗本の分も知行取りは右に同じく、御蔵米取りは、年々下される高のうち何ヵ度に何程ずつ渡す方のうち御蔵で

まてハ　公儀江差上置申候意ニ成し、御預り地年貢相納候如例諸事取扱手数相定メ返納相済候ハヽ、可宜御旗本の分も知行取ハ右ニ同しく、御蔵前取ハ年々被下候高の内何ヶ度ニ何程ツヽ渡方の内御蔵ニて直ニ引取候事ニ定りたらハ、御世話少も可相済事なり、勿論金子致借用候程の者ハ勝手不宜故なり、返金相済迠は江戸地廻り供人減候とか、又ハ御役勤場所抔、高より次高の御場所勤被　仰付候様成たらハ、勝手取続ニも可宜事なり、總て此趣ニ成たらハ、武家の為ニも可宜事なり、将百両以下の小金ハ是までの通り相対ニて事済へし、大金の融通さへ能成たらハ、小金の分ハ自然と融通ハ可付事なり、此義(儀)ハ京大坂江戸三ヶ所同様会所出来候様ニなし度者なり、然ハ天下中金銀の融通、是迠の様ニなく自然

直接引き取ることに定められたならば、御世話が少なくて済むことである。

勿論、金子を借用するほどの者は勝手向きがよくないからである。返金が済む迄は江戸地廻りの供人を減らすとか、または御役勤め場所など、高より次高(より高い)の場町勤めを仰せ付けられたならば、勝手の取り続きにもよいことである。

すべてこの趣旨にしたならば、武家のためにもよろしいことである。

さて、百両以下の小金はこれまでの通り相対で事を済まし、大金の融通さえよくなったならば、小金の分は自然と融通は付くはずのことである。このことは、京、大坂、江戸三ヵ所、同様の会所が出来るようになしたいものである。そのようにすれば、天下中の金銀の融通は、これまでのようになく、自然とよく通用するようになると思われる。

このことがもし行われるならば、預けることも、借りることも手重でなく、無造作にできるようにしたいもの

と能く可致通用被存事なり、此事若行れ候ハヽ、預ヶ候事も借り候事も手重ニ無之、無造作ニ成候様ニ致度事なり、上の御会所なりとて、至て手重ニてハ、其所ニ差支へ難行事もあるへし、一体金銀の貸借ハ町人程委しき者ハなく候間、御勘定方衆の内頭役ニ居置、其下ニハ当時籾蔵御用被　仰付候町人共の様成者ニ会所の世話被　仰付候ハヽ、能き仕方可立事なり、只高官の人よりハ下〳〵の奢を見て、下ハ豊なりと見給ひ、下よりハ何かニ付上へ計金銀ハ御集被遊候様ニ奉存、上下の情不通候事故、次第ニ世ハ困窮することゝ存候なり、此後ハ何卒上下の情能通し合、世間豊ニなし度事なり、何ニも衣食住の三ツ其外の事と金銀の融通との所、是までの御形の様ニなく、上下相和して改り候様ニ致度、偏ニ願

である。上の御会所であったからといって、至って手重では、その所に（手続きに）差支えて行われがたいこともあるであろう。

一体、金銀の貸借は町人ほど委しい者はないから、御勘定方衆のうちから頭役に据え置き、その下には、当時、籾蔵御用を仰せ付けられている町人共のような者に会所の世話を命じられたならば、よい仕方が立つことであろう。ただ高官の人よりは下々の奢りを見て、下は豊かであると御覧になって、下よりは何かにつけ上へばかり金銀はお集めになっていると思い、上下の情が通じないことであるから、次第に世は困窮することと思われるのである。この後は、何卒、上下の情をよく通じ合い、世間豊かにしたいことである。

いずれにしても、衣食住の三つそのほかのことと、金銀の融通とのところ、これまでの形のようにではなく、上下相い和して改まるようにいたしたく、偏に願うことである。」

御事なりと申たり、麤斎聞て、如何ニも尤成了簡なり、迚も如仰ニならすとも、せめて今迄の風俗ニてハ、世間次第ニ困窮し、行末安堵ならさる事と、高官の人々心付あり給ふやうニ致度事共なり、ヶの泰平続ハ人奢り、奢り極る時ハ人窮し、窮極る時ハ乱といへハ、かく奢りてハ必窮して可乱と、愚智老耄の思ひ過キニハ窮覚更ニ安からす、乱ニも出崩瓦解と云ふことあるよしなり、上達人の乱を起すハ、屋根より崩るゝ家のことくニて、押へ留もなるよしなり、又土崩とて下より起る乱ハ土産崩のする家の如くニて、押へ留ハならすとなり、良医ハ未病を療とて、病のきざしニ薬を用ひされハ大病に至りてハ如何なる良薬も功なしと申なり、かく下々困窮し、若かく困窮極る時ハ土崩れもせんかと思ひ過候ハ愚

と、申した。麤斎がこれを聞いて、

「いかにももっともなお考えである。とても、仰せの如くならなくとも、せめて今までの風俗では、世間が次第に困窮し、行く末が安堵できないことと、高官の人々が心付かれるように致したいことばかりである。かの、泰平続けば人奢り、奢り極まる時は人窮し、窮極まる時は乱れる、ということであるから、このように奢っては必ず窮して乱れると、愚智(痴)老耄の思い過ぎには、寝覚めさらに安心ではない。

乱にも、出崩、互解ということがあるという。上達人の乱を起すのは、屋根より崩れる家のごとくで、押さえ留めもできることであるという。また、土崩れといって下より起る乱は土産崩れのする家のごとくで、押さえ留めは出来ないということである。良医は未病を療するといって、病のきざしに薬を用いないと、大病に至ってしまってはいかなる良薬も功がない、ということである。

智成と存れとも、其時ニハ如何せんと孫子可愛さの餘り貴老の了簡尋候事なり、何卒御了簡の如く世の中直り、豊ニ成て此末万々年も孫子が目出度世の御恵を蒙せ度、偏ニ願ふ御事なり、迚も如虫我々ハ世の御恵を不受ハ一日も難立御事故、相互ニ老人の偏事語合候也、穴賢、他人ニ語り給ふへからす、是や無益の長物語ニ夜も更候間、又重て可語と笑て其席を別れニけり、

或日、靍斎老人又来り語て曰、扨々、先日ハ無益の長物語りニ夜も更て候なり、嘸退屈し給ふらん、其節の御物語り得と考へ見候ニ、如何ニも面白御趣向のやう也、然とも、猶又退て考へ見るに、全体の所、貴老了簡の如くなりたれハとて、一体世上の金銀の員数昔より夥しく減少したることとなるよし、其減した

このように、下々困窮し、もし、このように困窮が極まるときは土崩れをするのではないかと、思い過しをしているのは愚痴であるとは思うけれども、その時になってはどうしようもない、と、孫子の可愛さのあまり、貴老のお考えを尋ねたことである。何卒、御考えの如く、世の中が直り、豊かになって、この末、万々年も孫子が目出度い世の御恵みを蒙らせたく、ただそのことだけを願うことである。迚も、虫のごとき我々は世の御恵みを受けないでは一日も立ち難いことであるから、相互に老人の思い込みごとを語り合ったわけである。恐れ多いことである。他人にお話しになりませぬように。」

と、あれこれ無益の長物語に夜も更けてきたので、また、重ねて話しましょう、と笑ってその席を別れたことであった。

ある日、靍斎老人がまた来訪して語っていうには、

る所、何を以て知となれハ、白石先生の宝貨事略を見るに、凡慶長より延宝の頃まて、外国へ渡されし大凡を載置れたり、是計にあらす、諸国の津々浦々より、内分ニて抜荷ニ渡りし程ハ数知れすと記されたり、是計も夥しことなり、然るニ延宝より今日ニ至りて、又百年ニ餘る年月なれハ、上より御渡し被遊候も嘸多かるへし、又其間内分の抜荷ニて渡りし金銀夥しきことなるへし、殊ニ延宝の頃まてハ諸国の金銀山盛ニして年々地中より掘出すこと多けれハ、外国へ渡されても左のミ不足も目立へからす、其後ハ世の勢ニによりけるにや、金銀の出方少く、今ハ一向ニ出る山方も無よしの風聞なり、然ニ世の奢ハ其頃よりハ十倍し、仮初の品も唐物阿蘭陀渡りと賞翫することゆへ、沢山ニ渡りたると見へ、

「さてさて、先日は無益の長物語りに夜も更けてしまい、さぞ退屈されたことでしょう。そのときのお物語りを得と考えてみるに、いかにも面白い御趣向のようである。しかしながら、なおまた退いて考えてみるに、全体のところ、貴老の考えのごとくなったとして、一体、世上の金銀の員数が昔より夥しく減少したということである。その減じたところを、何をもって知るかといえば、白石（新井白石）先生の『宝貨事略』をみるに、およそ、慶長より延宝（一五九六〜一六八一）の頃まで、外国へ渡された大よそを載せおかれている。これだけではない。諸国の津々浦々より、内々に抜荷として渡った分は数知れない、と記されている。こればかりでも夥しいことである。しかるに、延宝（一六七三〜一六八一）より今日に至って、また百年に余る年月であれば、上より御渡しになっている分もさぞ多いことであろう。また、その間に内々の抜荷で渡された金銀も夥しいことであろう。殊に延宝の頃までは諸国の金銀が山盛りにして年々地中より掘り出されることが多かったので、外

一寸見渡したる所ニても、商人の店ことに、唐物阿蘭陀物ハ満〳〵たり、去ニより新渡の茶碗類ハ此地の唐津焼よりハ物ニより下直成程なり、尤其本直段ハ下直なるへし、されとも唐阿蘭陀の人なりとて只ハくれまし、皆此方の金銀を以て取代しものなるへし、然ハ是等ニ日本の金銀の減したること幾万と云ふ数しるへからす、其減したる所より世の困窮の出来たる所もあるへし、是を改め増し救ふ手段ハあるましきやと問、亀庵答曰、如何ニも先哲連の書残されし所を以て見るに、世上の金銀の員数ハ夥しく減したること〻見へたり、殊ニ奢ハ日々に増長し、人ハ昔しよりふへ、金銀の出る山ハ無く候ゆへ、弥困窮の世中となること〻見へたり、然とて急ニ金銀掘すへき山も見へす、又外国へ渡りたる金銀取戻す

国へ渡されてもそれほど不足が目立つことでもなかった。その後は世の勢いによることか、金銀の出方が少なく、今は一向に出る山もないという風聞である。であるのに、世の奢りはその頃よりは十倍し、ちょっとした品も「唐物」「阿蘭陀渡り」と賞翫するので、沢山に渡りきているとみえて、ちょっと見渡したところでも、商人の店ごとに、「唐物」「阿蘭陀物」が満々としている。ではあるけれども、新渡の茶碗類はこの地の唐津焼よりは、物によっては下値であるくらいである。もっとも、その元値段は下値なのであろうが、だからといって唐・阿蘭陀の人がただではくれないであろう。みなこちらの金銀をもって取り代えたものであろう。であるならば、これらに日本の金銀の減ったことは、幾万という数であるか知れない。その減ったところから世の困窮の生じた原因もあるであろう。これを改め、増し、救う手段はないものか。」

へき道ハあらす、只此上ハ先日も申せしことく世中奢られぬやうに制度を立置、金銀の融通滞らぬやうに成就したる上ハ金銀の吹替を被　仰出、通用の法を御立替被遊候ハヽ、世ハ益〳〵長久ニ大平ニあるへき事なり、其仕方ハ今の金銀の位を昔の慶長金の位ニ戻し、目方も壱両四匁ニ直し、新製金ニ大小の品を多く拵へ、金の壱両を大凡新製金弐両の当となし、懸目弐匁を壱両とし、次第ニ其割合を以て吹替、通用被　仰付ハ、世上の金銀自然と一倍近くニ増道理なり、金の位を悪しくする時ハ今の金銀を貯へ隠置、出さゝる人多かるへし、金の位宜相成り壱両か弐両ニ成事ならハ、人々隠し貯へ置す、世上の金銀ハ不残出て働くへし、總て金銀と云ふものハ世界の至宝なりといへとも、早意の所ハ餞たる時ニ

と問う。亀庵が答えていうには、

「いかにも先哲連の書き残されたところをみると、世上の金銀の員数は夥しく減ったように見える。殊に奢りは日々に増長し、人は昔より増え、金銀の出る山は無いわけだから、いよいよ困窮の世の中となるようにみえる。だからといって、急に金銀を掘らす山も見当らない。また外国へ渡った金銀を取り戻す方法はない。ただ、このうえは、先日も云いましたように、世の中が奢られないように制度を立てておき、金銀の融通が滞らないように成功したうえで、金銀の吹き替えを仰せ出され、通用の法を御立て替えなさるならば、世は益々長久に太平であることであろう。その仕方は、今の金銀の位を昔の慶長金の位に戻し、目方も壱両四匁に直し、新製金に大小の品を多く拵えて、金の壱両を大よそ新製金弐両の相当とし、懸け目弐匁を壱両とし、次第にその割合で吹き替え、通用を命じられたならば、世上の金銀は自

飯の代ニ食せらるゝものニもあらす、通用の法次第ニて鉄も銅も同しものなり、通用の法ハ　上の御定め次第ニて如何様とも可成事なり、同しくならバ、位も宜く、大サも大きくなしたきものなれど、不㆑得㆑止世を救ふためニハ如㆑右仕方も苦しからさる事成へし、但し是までの貸借證文の文字、金壱両ハ壱両ニ居置、新製金を以て致返済候時ハ、新製金の割を以て取引いたし候ハヽ、差支ニハ不成ことゝ被存なり、如此相成ハ山より堀(掘)出さす、外国より返サすとも、世上の金銀ハ俄ニ増ス道理なりと申たり、靏斎聞て、是も一理ある様なれとも、官ニ不在身なれハ、夫ニハ何か差支の筋のあるかも知られす、老人の癖ニ寄集りてハ又無益の咄ニ日を暮す事なり、重てハ相互ニケ様事ハ無用ニせんと笑て其日も別

然に一倍近く増す道理である。金の位を悪くするときは、今の金銀を貯え隠し置き、出さない人が多くなるであろう。人々が隠し貯え置かず、世上の金銀は残らず出て働くべきである。すべて金銀というものは世界の至宝であるとはいうけれども、結局のところは、飢えた時に飯の代りに食べることができるものでもない。通用の法次第で、鉄も銅も同じものである。通用の法は、上の御定め次第でいかようともなることである。同じくなれば、位もよろしく、大きさも大きくしたいものであるけれども、止むを得ず世を救うためには、右のごとき仕方もいたしかたのないことであろう。ただし、これまでの貸借証文の文字は、金壱両は壱両に据え置き、新製金をもって返済するときは、新製金の割で取り引きしたならば、差支えにはならないことと思われる。このようになれば、山より掘り出さず、外国より返さずとも、世上の金銀はにわかに増す道理である。」

れけり、
蠏穴談終
（別筆）「右杉田玄白翼著述也　文化之初所記云
文化十二年十二月上旬　　伴信
友」
（朱印）片桐文庫
（朱印）若林

といったら、霾斎がこれを聞いて、

「これも一理あるようであるけれども、官に在らざる身であれば、それには何か差支えの筋があるかも知れず、老人の癖で、寄り集っては、また無益の咄に日を暮らすことである。重ねては、互いにこのようなことは無用にしよう。」

と笑って、その日も別れたことだった。

六　耄耋独語

耄耋独語

翁は享保十八年癸丑九月十三日の生れにて、今年文化十三年正月九日の節分までに、齢は八十四歳、其日数は二萬九千九百十九日になりぬ、生得健実なるにあらす、積聚（胃痛または胃痙攣）なといへる宿疾もある事は常人に異ならす、時々発動する事もありし、差して養生に心を用ひしといふ事もなく、年若き時ハ、少しハ酒も用ひしか、天性好さる所ありしにや、中年過よりハ絶て呑す、常にこれそといへる格別の得食もなし、唯其時の菜物一色か二色あれば、事足りに（ぬカ）と覚へ過せり。近来の常食は大かた女子扶持壹人分には少し不足なるへし、此分にては天より與へ給る油皿たけは燈の光保つへきにや、それさへ次第に減し、其光、

六　耄耋独語《ぼうてつどくご》（玄白老境の日常）

翁は享保十八年（一七三三）癸丑九月十三日の生まれで、今年文化十三年（一八一六）正月九日の節分までに、齢は八十四歳、その日数は二万九千九百十九日になった。うまれつき健実ではなく、積聚《しゃくじゅ》（癪《しゃく》、胃痛または胃痙攣）などという宿疾（持病）もあることは普通の人とかわらない。ときどき発動することもある。これといって養生に心を用いるということもなく、年若いときは、少しは酒ものんだが、うまれつき好きでないところがあったためか、中年過ぎよりは全く呑まない。つねに、これはという格別の得食（＝好きな食べ物）もない。ただ、その時期の菜物が一色か二色あれば十分と思って過ごしてきた。ちかごろの常食は、だいたい、女子扶持の一人分には少し不足であろうか。此の分では、天より与えられた油皿だけは燈の光を保つべきであろうか。それさえも次第に減って、その光が、月ごとに、夜ごとに

月こと夜毎に薄暗くなり行けハ、終に消失へきなり、これハ人生の定業なれハいひたつるもうるさきわさなり、扨、翁是まてさせる事もなく不知不識して此寿を保つの幸を得たり、これ皆天の己に安（按）排し給ふ所なるへく、世の人々此事を得弁へす、みたりに寿齢を求めんとて心志を労するハ、無益なるへく、翁かことく老行先きへの己か意の如くならさる味を知らすして、羨み希ふ人々の為に此一篇を筆に任するものならし、

杉田九幸翁

夫人欲の難止は世の常情なり、わけて寿と福とハ人々の願ふ所なり、されハ秦始皇、漢武帝の類、富江海を保ち、貴き事ハ天子の身として福に望む所ハなけれとも、自由ならさるは此寿命の事と見えて、方士に命して遠く不老不死の薬を求めしか

薄暗くなって行けば、終いに消え失せてしまう。これは人生の定業であるから、いいたてるのもうるさいことである。さて、翁はこれまで、大したこともなく知らず、識らずして、この寿を保つ幸いを得ている。これはみな天が己（自分）に按配してくださった所であって、世の人がこのことをわきまえず、みだりに寿齢を求めようとして心志をはたらかせるのは無益のことであって、翁のごとく、老い行く先への己が意のごとくならない味を知らずに、羨やみねがう人びとのためこの一篇を筆に任せるものなのである。

杉田九幸翁

それ、人欲の止み難いのは世の常の情である。とりわけ、寿と福とは人びとの願うところである。だから、秦の始皇、漢の武帝の類《たぐい》、富は江海（＝川と海）ほども保ち、貴き事は天子の身として、福においてこれ以上望むところはないけれども、自由でないのは、この寿命のこととみえて、方士（道士）に命じて、

とも、其事調すして、終にハ崩し給ひたり、これを以て見れば、ならぬ事のならぬハ常人にかハることなし、これハ其身いつも年若く、手足達者にて、面影のかハらて年のつもれかしとやねかひ思ふの誤なるへし、金石にて造りしものにても数十年の星霜を経れは、自然に破れ損するハ、凡形あるもの丶ならひなり。扨、翁はいかなる天の助け厚かりしにや、幸に生れて八十に餘る齢を保ち、けふまてもさせる労苦を覚さるか如し、但十年も前にくらふれハ、違へる事なきにあらす、これといふ不足も覚へさるようなれとも、次第に起居なとハ昔とは大に差へり、近き程まて道も二三里はかりハ歩チなから可なりに行戻りなりたり、故に我を知るものハ幸に幸を重る人なりと、逢ふ人ことに羨めるも多かりしにより、自ら其数を算へて九幸と号せり、打續て去々年の秋まては、逆事と

遠く不老不死の薬を求めたけれども、そのことの調《ととの》わないうちに、ついには死去してしまわれた。これをもってみれば、ならぬことのならないのは常の人とかわるところがない。これは、その身がいつも年若く、手足が達者で、面影の変わらないで年をとるようにと、ねがい思うことの誤りというべきである。金石で造ったものでも数十年の星霜を経れば、自然に破れ損するのは、すべて形あるもののならいである。

さて、翁はどのような天の助けが厚いのか、幸に生まれて八十にあまる齢を保ち、今日までたいした労苦を覚えたことがないようだ。ただし、十年も前にくらべてみると、違いのないことはない。これという不足を覚えないようであるが、次第に起居などは昔とは大いにちがう。近年にいたるまで、道も二、三里ばかりは歩きながら、往き来していた。だから私を知る人は、幸に幸を重ねる人であると、逢う人ごとに羨むものも多いので、自ら、幸の数を算えて

いふハ見聞さる身也しか、満れハ缺るの習ひ、思ハぬ外に嫡孫の男子一人先立たり（文化十一年〈一八一四〉、養嗣子の長子恭卿、二十一歳で死す）、いとも〳〵残り多くハあれとも、又思ひかへせハ老少不定ハ世のありさま、我一人の事にもあらす、高貴の位にある御方にても、聖賢にても、逃れ給ぬハ此哀傷なりとハ思ひあきらめさるにハあらす、われ（マヽ）もなましひに長命せし（脱アルカ）の一つと思はる、扨、其後も飲食動作さして変れる事なきやうなりしか、血肉恩愛にひかされ、甚悲みの老か身にこたへしにや、明る春ハ心地常ならす、いたつきの事出来て、身體熱気はけしく、病ふの床に打臥しぬ、こはいにし年も一両度まで病み煩ひし吃逆（しゃっくり）と小便閉との病、一時に発し、朝夕へを待へからさる老々、あへ（ママ）しきやうになりしかと、孫子等打集り、兎や角介抱して薬餌を盡したり、未《タ》レ盡の

九幸と号したのである。続いて、去々年の秋までは逆事（順序が逆であること）というものは見、聞きしなかった身であったのであるが、満れば欠けるの習いで、思わぬうちに、嫡孫の男子一人が先立ち（文化十一年〈一八一四〉、養嗣子の長子恭卿、二十一歳で死す）。とても残念ではあるが、また思いかえせば老少不定は世のありさま、自分一人のことでもなく、高貴の位にあるお方でも、聖賢でも、逃れ得ないのはこの哀傷である、と、思いあきらめないことはないのであるが、なまじっか長命してあわなければならないことの一つか、と思われる。

さて、その後も飲食動作において、さして変わったこともないようであったが、血肉恩愛（血族）の恩愛にひかされて、甚だ悲しみの老いの身にこたえたのであろうか、明る春（文化十二年か）は心地（気持、気分）がいつものようでなく、病気になって、身体の熱気はげしく、病の床に打ち臥してしまった。こ

命にや、又幸に廿日余にして故に復したり、夫より後も大かたハ過越せし年月に変りし事なかりしようなりしか、俄に動作衰へ、これまてハさして苦労とも思ハさりし一二里の道も次第〳〵にせつなに覚へ、心に急き行く時は身のうち汗ばみ、扨もつらしと覚ゆるやうになりたり、よく顧ミ思へは、其春に秋もくらぶれハ、其衰弱ハ月々に増り行事、身に知らるゝよふになりたれハ、自から心細くなりぬ、これハ外人の目に見えねとも、老の慨きハ此事なり、

一　つら〳〵かく成行ゆえんを考るに、右にいへるの衰弱のみならす、先第一には物を視るに、初ハ目鏡なくとも其物ハ分れ(ら)ぬにはあらさりしに、近き程ハ両眼常にうちかすみ、次第に深き霞其中に立ならふやうに覚へ、十間も隔りし所の人の面

のようなことは、昔、一、二度、病み煩い、吃逆（しゃっくり）と小便閉りとの病、一時に発し、朝に夕を待つこともできないほどの、老々、悪るくなって、孫子等が集まって、兎や角介抱して、薬餌を尽した。いまだ尽きざる命であったらしく、幸に二十日あまりして、もとに復すことができた。それより後も、大体は、過ぎ越す年月に変わったことのないようであったが、急に動作が衰え、これまでは特に苦労とも思っていなかった一、二里の道も次第次第につらく覚えるようになって、心に急いで行く時は、身のうちが汗ばみ、それで、つらいと覚えるようになってしまった。よくよく振り返ってみると、その春の状態を秋のそれに比べてみると、その衰弱は月々に増《まさ》ってゆくことが、身に知られるようになったので、自ら心細くなってしまった。これはほかの人の目には見えないことではあるが、老の慨《なげ》きはこの事である。

一　つらつら、このように成りゆくいわれを考えて

色ハたしかならす、其身なり、そふりは誰なりと思へと、たしかにそれと分らす。夜は我行ク向より來る一はりの提灯、細く長く五ツ六ツに見え、尤近よれハ其形よりハ細く見えしなり、ましてあかしともし行く身も路の高下不慥なり、扨、日暮れは眼鏡にても燈下にてハ書を読事も物書事もならす、昼も常に眼花ちりていとうるさし、かくてハ有も無かことし、鼻ハかハる事なきやうなれとも、寒きあした夕にハ水洟したゝりてうるさく、又落してハ物汚さんかとの心支なきにしもあらす、凡て香臭をきく事も、若き時にくらふれは薄きやうに覚ゆ、耳ハ年に比ふれはちかきやうなれ共、若き時とハちかひて次第〳〵にうとくなりて、物音たしかならす、殊に上逆（のぼせ）つよき朝なとハ、鳴てうるさく、常々前より来る物の音ハ聞ゆれとも、後より来る物の音ハうと〳〵し、夫か為に誤

みるに、右に述べた衰弱だけでなく、先ず、第一には、物を視るに、初めは目鏡がなくてもその物が分からぬことはなかったが、近頃は、両眼が常にかすんで、次第に深い霞みがそのなかに立ち込めるように覚え、十間《じっけん》も離れた所の人の面色がたしかではない。その身なり、素振りは誰であると思っても、たしかにそれと分からず、夜は、自分の行く向こうより来る一張《ひとはり》の提灯が、細く長く五ツ六ツに見え、もっとも、近寄ればその形よりは細く見える。まして、灯《あかし》ともしゆく身も路の高下が不慥《ふたしか》である。さて、日暮れは眼鏡をかけても燈下では書を読むことも、物書くこともならず、昼も常に眼花ちりて、とてもうるさい。このようであっては、有も無きがごときことである。

　鼻は変わったことのないようであるが、寒い朝、夕には水洟《みずばな》がしたたりてうるさく、また落しては物を汚してしまうのではないかと、心つかえなきにしもあらずである。すべて、香臭をきくことも、若い

りて怪我にてもせんやと思へハ心支なり、又、口は命を繋くの元にして尤重き所なり、されハ人初て生るれハ天より乳汁をあたへて直に吸はせ、此乳哺の養ひによりて生長し、扨生育に随ひ有形の物を食ふへき程なれは、自然に歯といふものを生す、これも剛く堅きものをも喰ふやうになれハ、齢《はかハ》りといふ事ありて、別に堅実なる歯牙を抜き換へて揃ひ給へり、其頃に至りし程は、人ごとに朝夕何の心もつかす、いつまてもかくあるもののやうに思ひて、縦《ほしいまゝ》に堅剛の物を食ふなり、然るに誰しも初老の頃になれは、少しツヽのなやみ出來るもの也、扨、翁はこれと反し、幸に耳順の頃に至り初て歯には少ツヽのなやみ出來たりしに、夫より後今年は壹本〳〵とかそへ、遂にハ去月は壹本、今月ハ二本とかけ始て、今ハはや一本も残なく落盡したり、これによりて硬き物とてハ少しの

ときにくらべれば、薄いように覚える。

　耳は年にくらべればちかいようではあるが、若いときとはちがい、次第次第にうとくなって、物音がたしかでない。殊に上逆（のぼせ）のつよい朝などは、耳鳴りがしてうるさく、常々、前よる来る物の音は聞こえるけれども、後ろより来る物の音はうとうとしい。それがために、誤って怪我をするのではないかと思うと、心を油断なく働かせなければならないことである。

　また、口は命を繋《つな》ぐの元であって、もっとも重い所である。だから、人がはじめて生まれれば、天より乳汁をあたえて直に吸わせ、この乳哺の養いによって生長し、さて、生育にしたがって有形の物を食うほどになれば、自然に歯というものを生ずる。これも強く堅いものを喰うようになれば、歯のはえかわることがあって、別に堅実な歯牙を抜き換えて揃うのである。その頃になれば、人ごとに朝夕なにの心もつかず、いつまでも、このようであると思って、

もの も喰ふ事ならぬやうになりぬ、されと是まで珍膳佳肴より名菓美味をも喰盡し、八十に餘れる齢を経たれハ、これといふ望の物もなし、但、當時三度の食、口中にかなふもの計食すれとも、其度毎に如何やう心をつけても、歯といふ垣のなくなりたれハ、時々喰ひこほれてむさし、未た一二本残りもありしまてハ、熱き物を喰ふ度には思ハす知らす息吹かけてさます事ありしかと見え、其頃まてハさして心付さりしか、不残落て後ハやはらかき物も一寸唇にてくはへ食ふ事故、其熱き物なれハ其熱きにたへす、食事の度毎に火傷《やけと》せぬ日はなきやうなり、麺類なとはやハらかにして食し易きはつなれ共、これもちよと歯にくはへ呑込されハならぬものなり、さるによりてこれも心に叶す、喰ふに不自由なれハ強く望す、況や魚肴は其骨を舌にて探り食ハねハならぬものなるに、其相

ほしいままに堅剛の物を食うのである。しかるに、誰でも初老の頃になれば、少しずつ思いわずらうことが出てくるものである。さて、翁はこれと反し、幸いに耳順（六十歳）の頃になって初めて歯に少しずつのなやみが生じてきて、それより後、今年は一本一本とかぞえ、ついには去月には一本、今月は二本と欠けはじめ、今は、はや一本も残りなく落ち尽くしてしまった。これによって硬い物は少しのものも喰う事ができなくなってしまった。

ではあるけれども、是まで珍膳佳肴より名菓美味をも喰い尽し、八十に余る齢を経れば、これという望みの物もない。ただし、現在、三度の食事、口中に叶うものばかり食べているけれども、そのたびごとに、どのように気をつけても、歯という垣のなくなってしまったので、喰いこぼれてどうしようもない。まだ、一、二本残りのあったころまでは、熱い物を喰うたびには、思わず知らず息吹きかけてさますこともあったかとみえて、そのころまではさして

手となる歯なけれハすへきやうなく、若これを貪らは骨咬の患を起さんと思へハ、くハさるかましかと明《あき》らむる事多し、すてに入歯を作りて用ひし事ありしに、物喰ふため、物いひの為にハ少しよき様にも覚へたれとも、下地を黄楊《げ》の木にて作り、余程大成物故、如何様の上手に作られ（せカ）ても、馴れぬ中ハいとうるさし、又、これをしのひて用るも、もと自然の物ならねハ養の為にハならぬやうなり、又、よく馴しと思へハ、木目たちて舌にさハり、常に苔ある舌の心地にて、物の風味よろしからす、殊に人々己れ〳〵の口中、自然にほひ有ものなるに、かゝるものを新に作り添ふるの常にたかふ所出来る故にや、快らす覚ゆるなり、老てハ誰も食事のたひにむせやすきものなる上に、これ（入歯の字脱か）ありてはむせることます〳〵甚しき様になり、兎にも角にも不自由いはんかたなし、扨て物語するに、其

気付かなかったことであるが、残らず抜け落ちてからは、やわらかい物もちょっと唇でくわえて食うことであるから、その熱き物であれば、その熱きにたえず、食事のたびごとに火傷《やけど》をしない日はないようになってしまった。麺類などはやわらかで食しやすいはずなのであるが、これも、ちょっと歯にくわえ呑み込まなければならないものである。したがって、これも心に叶わず、喰うに不自由なれば強く望まない。いわんや魚肴はその骨を舌で探って食わなければならないものであるのに、その相手となる歯がなければしようもなく、もしこれを貪《むさぼ》るとすれば、骨咬（骨のささる）の患を起すのではないかと思うと、くわないほうがましであるかと諦《あきら》めることが多い。すでに、入歯を作って用いたことがあるが、物喰うため、物言いのためには少しよいようにも覚えたけれども、下地を黄楊《つげ》の木で作り、よほど大なる物であるから、どんなに上手に作らせても、馴れぬうちはとてもうっとうしい。また、これを我慢して使

五音の中歯音缺くる故、其接語の不便、尤も甚しき事のミなり、

一　上の七竅はかりも如斯なるに、下二竅のうるさくつらき事ハ挙て数へかたく、先ツ後門は日々飲食の糟粕を泄す第一の要所なれハ、自由になくてハ叶ぬ所なるに、老者のならひ、多くハ秘結かちにて、厠に居るを長く、寒風の時なとハ其苦ミいはんかたなし、又、それにつけては、便毎に脱肛し、急に収りかね、又直には坐にも就きかたく、色々手當し、湯にてむしあたゝめ、漸くにして取り納めて後、始て我身の様に覚ゆる事なり、又、平常にても、放屁もれ易く、何かにつけて気分あしき事、人の知らさる苦み也、但大便ハ日毎に壹両度にて事済なれハ、これを忍ひて忍はれと、小水は左にあらす、老の身ハ年毎ニ頻数になるもの故、夜もひるも数しけく、殊に冬は西北の風立肌

用するも、もとが自然の物でないから養のためにはならないようになってしまう。また、よく馴れたと思っても、木目がけ毛羽立って舌にさわり、常に苔の付いたような気持ちがして、物の風味がよくない。殊に人々己々の口中、自然匂いのあるものであるから、かのようなものを新たに作り添えるのであるが、違うところが生ずるのか、快くは思えない。老いては、誰も食事のたびにむせりやすくなるものであるから、このようであるからますます甚だしい様になってしまう。兎にも角にも不自由なことなんともいいようがない。さて、はなしをするのに、その五音のうち、歯音を欠くので、その接語の不便は、もっとも甚だしいことばかりである。

一　上の七竅（目鼻耳口）ばかりでもこのようであるのに、下の二竅（大小便）のうるさく、つらい事は挙げて数えがたく、先つ後門は日々飲食の糟粕《のこりかす》を泄する第一の要所であるから、自由にできなくては叶わぬ所であるのに、老者のならいで、多くは秘結（便

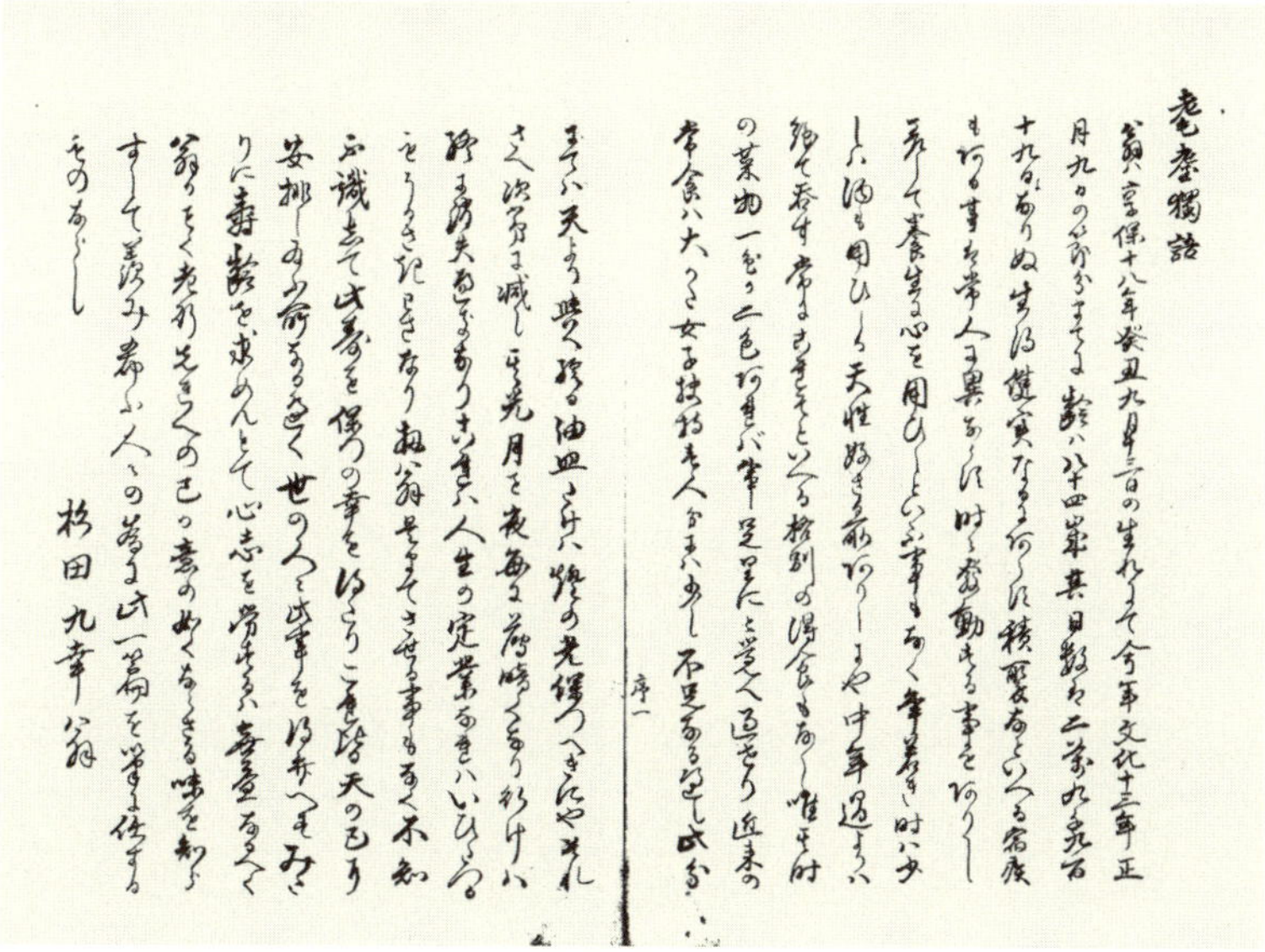

図10　『耄耋独語』序文（写本、慶応義塾大学信濃町メディアセンター（北里記念医学図書館）蔵）

秘）がちで、厠に居るのも長く、寒風のときなどは、その苦しみはなんとも言いようがない。また、それにつけては、便ごとに脱肛し、急に収まりかね、また直に坐にも就きがたく、いろいろ手当てし、湯で湿し温め、漸くにして取り納めてのち、はじめて我が身の様に覚えることである。また、平常でも、放屁もれ易く、何かにつけて気分の悪いことは、人の知らない苦しみである。

但し、大便は日毎に一両度で事すみであるから、これを我慢して我慢できないことはないけれども、小水はそのようなことではない。老いの身は年毎に頻数になるものであるから、夜も昼も数激しく、殊に冬は西北の風が吹いて、寒い日は、通《つう》じて、その後もまた、たちまち聚《あつま》るように余瀝がたえない。清水の滴るような心地がして、心が安まらない。その不浄不潔なることは、何にたとえようもなく、心おだやかでない。特に貴人の座に列《つらな》る時は、どんな尾籠（不作法）を仕出かすのではないかと安心するこ寒き日は、通して後も又忽に聚るやうに餘瀝たへす、清水の滴るやうの心地して意安からす、其不浄不潔なる事、何にたとへん心持もあらす、わけて貴人の座に列る時は、いかなる尾籠仕出さんかと心中安からす、是等人の知らさる苦みなり、さある心地の時ありて、いそき便所に至り、便せんとすれハ、陰器縮りて自由ならす、思はぬ方に飛散てつらし、家に在りてハ竹の筒なと用ひて便すれとも、それもなき所にてハ、前かたに心を配り置ぬるなと、事々物々、如此なる事なれハ、老のつらき事数限りもなし、

一　又、手足ハもとより意の如くならす、手にていはゝ、こゝは如何なる魔神の乗り移り給ひしや、先物書んと思ふとき、筆を把るに、これより彼所に引んと心に念したる筆頭、思はぬ方に向ひ、又

とがない。これらは人の知らない苦しみである。そんな心地の時があって、急いで便所にいって、便をしようとすれば、陰器が縮まって自由にならず、思わぬ方に飛び散ってつらい。家にいるときは竹の筒などを用いて便をするけれども、それが無い所では、前方に心を配っておかなければならないなど、事々物々、かくのごとくなることであるから、老いのつらいことは数限りもない。

一　また、手足はもとより意のごとくならない。手について言うならば、ここはいかなる魔神が乗り移ったのか。まず、物を書こうと思うとき、筆をとるに、これより彼の所に引こうと心に決めた筆頭が思わぬ方に向いてしまう。また、何々という文字を書こうと思ったのに、その文字が意に違って、あらぬ字を書くことが度々である。また、繁多で心忙しいときなどは、特に甚だしいようである。それのみならず、すっかり忘れてしまい、紙に向かって当惑することが度々である。このようなことは、我ながらおかし

何々といふ文字書んと思ひたるに、其文字意にたかひ、あらぬ字をかく事度々なり、又、事繁く心中いそかしき折は、分て甚しきやうなり。それのミならす、一向に忘却して、紙に向ひて当惑する事度々あり、かゝる事は我なから怪しく思ひ侍るなり。又、日によりて今まで何ともなかりし筋骨俄に痛出、転筋（こむらがえり）して不自由になる事もあり、其中にも膝頭足跗（足の甲）なとハ度々に覚ゆ、これを物にたとへていはゝ、革にて結付し蝶つかひのしけくあけたてせし故、延過たるか如くと同しやうなるものなるへく、如何にも筋の長くたるみし様也、かくなりたる事故、仮初の事にも跌き倒れんかと思へハ、一寸の起居に油断ならす、殊に腰はわけて其衰弱甚し、これ腰骨は一身を保つ要所なれハ、若き時より格別に労せし所故にやと思ハれ侍るなり、夫故、蜂か蟋蟀のやうに

いと思っていることである。

また、日によって、今までなんともなかった筋骨が急に痛み出し、転筋（こむらがえり）して不自由になる事もある。そのうちでも、膝頭足跗（足の甲）などは度々覚える。これを物にたとえていえば、革で結び付けた蝶番の頻繁に開《あ》け閉《た》てして、延び過ぎてしまったと同じようなものであっていかにも筋の長くたるんだようなものである。このようになったことであるから、一寸したことでも跌《つまづ》いて倒れてしまうのではないかと思えば、一寸した起居にも油断がならない。ことに腰は特別にその衰弱が甚だしい。これは、腰骨は一身を保っている要所であるから、若いときから格別に苦労もしないところであるから、と思われている。それゆえ、蜂か蟋蟀《しっしゅつ》（こおろぎ）のように縮まってしまったのかと思われる心持ちがして、立て居に付けても、ともすれば倒れるだろうかと、一入《ひとしお》に苦しい。

もとより、貴人の前、親しい友人の前でも、意を

縮りしかと思ハるゝ心持にて、立居に付てもともすれハ倒るへしやと一入に苦し、元より貴人の前、親しき友の前にても、意を用ひされは慥ならさるやうなり、心に前を踏んと思へハ、足は跡（後）に残り、後に止んと思へハ前へ出、我身なから自由ならす、しかある故に、起居歩行にひよろつく事度々あり、又我なから怪しきハ、さして歩行いそくとはなくして、意にもあらぬ道いそかれ、踏止んとすれは弥いそくやうになりて止りかぬる事もあり、これハ緩和にて上逆する日（な）とにある事也、暫腰にても打懸けて休らひ行けは何の障もなし。さなけれは直に倒るゝやうなり、此餘も意をつけてためし見なハ、老のくるしさ餘多あるへし、

一　扨、筋骨は有形物故、日々衰弱し行ハ勿論にて、是は無是非事なから、精神ハ形なきものなれ

用いなければ、慥かならざるようになってしまう。心に、前を踏もうと思えば、足はあとに残り、後に止めようと思えば、前に出る、我身ながら自由にならない。このようであるから、起居歩行によろつくことが度々ある。また、我ながらおかしいと思うことは、とくに歩行いそぐでもなくして、意ともしない道をいそぎ、踏み止まろうとすると、いよいよ急ぐようになって止まらなくなることもある。それは、暖和で上逆する日などにあることである。しばらく、腰かけて休んで行けば何の障りもない。そうでないと、すぐ倒れるようになる。このほかにも、気をつけて、試してみるならば、老いのくるしさは沢山あるだろう。

一　さて、筋骨は有形の物であるから、日々衰弱してゆくのはもちろんのことで、是は是非なき事ではあるが、精神は形のないものであるから、そのようなことはない筈であると古人もいわれていることである。ではあるけれども、人たるものの老耄（老い

ハ、左ハなき筈なりと古人もいへるとなり、さあれハ人たる者の老耄は其人の恥と思ひ、我ハせましと兼てよりたしなみ侍れと、夫も叶ぬ事にや、近き頃は同し咄を幾度もして人に笑れ、親しき友とちの名、朝夕召仕の者の名も、呼違るやうになりたり、又調度の類、これ忘れてハと仕廻置て其所を忘るゝ事度々なり、甚しきハ手に持し物を忘れて尋る事有、それか中に用にも立ぬ古き事をハ覚へ居て忘れさる事もあり、古に所謂老人八変に舊きを記して新なるを記せじといひしは、我身の上を説しものそと思ハる、翁すてに如斯不自在なる身となりしを、他より無病なり、達者なり、珍敷長命なりと羨るゝは、此苦しみを知さる人の外目より視し所なり、六十は六十、七十は七十程の衰あり、此故に身のつらさは其年ほとにあるものと知へき事なり、

ぼれ）はその人の恥と思い、自分はそのようにはしないようにと、かねてよりたしなんでいるけれども、それも叶わぬことであろうか。近頃は、同じ咄を幾度もして人に笑われ、親しい友人の名、朝夕召し仕いの者の名も呼び違えるようになってしまった。また、調度品も、これを忘れてはいけないと仕舞い置いて、その場所を忘れてしまうことが度々である。甚だしいことは身に持っている物を忘れて尋ねる事がある。そのなかには、ものの役にもたたない古い事を覚えていて忘れていないこともある。古に、いわゆる老人八変に「旧きを記して新なるを記せじ」というのは、我が身のことを説きしものかと思われる。

翁は、すでにかくのごとく、不自在なる身となっているのを、他よりは、無病なり、達者なり、珍しく長命である、と羨ましがられているのは、此の苦しみを知らない人の外目より視たところである。六十は六十の、七十は七十ほどの衰がある。この故に、

一　翁、壮年より親かりし友達ハ皆泉下の人となり、生残りたるハたへてなくなりたれ共、ケ様の事なと語り合ふ友とてハなく、何に付ても物淋しく、面白き事ハなし、旧友の鵞斎老人の何事も余所になされていにしへをかたるをたにもきく人のなきと、むかしの人の讀置ける歌を打吟して感し語（ら）れしを思ひ出すまてなり、其人も又地下の人とはなりぬ、初にもいへる如く、翁はいかなる天助を得て生れし身にや、齢八十に餘り、幸に幸を身に重ね、天恩の厚きに朝夕の事不足なく、行歩不叶なれ共、行度と思ふ所へは駕にて行き、不孝不悌の子を持されは、歯ハなくても口にあふやうに三時も食を作り与ふれは、口腹にかなひて不足と思ふ事なし、夜ハ寒からぬやうにとて水鳥のぬく毛はかりを入たる夜着蒲団を作りていたはるゆへ、それに包まれハいさゝか寒しとも思ハす、

身のつらさは、その年ほどにあるものと知るべきことなのである。

一　翁、壮年より親しかった友達はみな泉下の人となってしまって、生き残ったのは全くなくなってしまったので、このようなことを語り合う友とてもなくなり、何に付けてももの淋しく、面白いことはない。旧友の鵞斎老人の「何事も余所《よそ》になされていにしへをかたるをたにもきく人のなき」と、むかしの人の読み置いた歌を吟じて、感じ入って語られたのを思い出すまでである。その人もまた地下の人となってしまった。

初めにもいったように、翁はどのような天助を得て生れた身なのか、齢八十に余り、幸に幸を身に重ね、天恩の厚きに朝夕のこと不足なく、行歩が叶わないけれども、口腹にかなって不足と思うことはない。夜は寒くないようにと、水鳥のぬく（温）毛ばかりを入れた夜着蒲団を作っていたわってくれるので、それに包まれれば少しも寒いとも思わない。ただ暁が

たゝ暁かたとなれハ肌寒きやうに覚ゆ、これハ老か身か衰、自然に気血のめくり不足し行ゆへにや、されと目覚て寝返なとすれハ、忽ち宵に寝し時の如く暖気復する事なり、これは養の足さるにあらす、積り重ねし高齢に衰弱せし故なるへし、又、食事も高年の身大食はならす、宵に程よく食しても、朝の食事の待るるやうなり、萬事斯の如き手當残る所なきなれとも、寝覚の寒き故にや、手足の働不自由なる様に覚ゆ、これハ若き時より日々入湯せしのくせなるへしとて、毎朝居風呂をわかしくるゝ故、それに入て快よく温り、湯あかりして後ハ身の働も自由のやうなり、又、入湯のみにてハ急に湯気加ハらぬ日もあり、其時は温湯一二盃も飲、内よりもこれを助くるなり、かくせされハ十分にはなき様なり、扨、気血の循り、自然はかりにてハ事足らしと思へハ、毎夜按摩の瞽者招

たとなれば肌寒きように覚える。これは老いの身の衰え、自然に気血のめぐり不足して行くゆえのことかと思われる。しかし、目覚めて寝返りなどをすると、たちまち宵に寝た時のように暖気がもとにもどることである。これは養生の足らないのではなく、積り重なった高齢に衰弱した原因なのである。

また、食事も高年の身だから大食はならず、宵に程よく食しても、朝の食事の待たれるようになる。万事がこのような手当てが残る所のないことではあるけれども、寝覚めの寒き故のことか、手足の働きが不自由なように覚える。これは若き時から日々入湯しているのくせであるからと、毎朝居風呂《すえ》をわかしてくれるので、それに入りて快く温まり、湯あかりして後は身体の働きも自由のようである。また、入湯のみでは急に湯気が加わらない日もあり、その時は温湯一、二盃も飲み、内よりもこれを助けるのである。このようにしなければ十分ではない様である。さて、気血の循り、自然はかりでは事足りない

き、日暮るゝ頃より臥床に入り、按撫なさしめて其運動を助け、眠付を度として止る事は常〳〵なり、如斯子供等の心をくはりかしつき仕る事故、今日まで長命して無事にある事と思ハる、人に貴賤上下の差別ハあれとも、（脱アルカ）養に何一つ不足はなかるへし、元よリ醫師の身なれハ、針灸湯液の類ハ意を用ゆるなり、されとも春さり秋来り、去年より今年と衰ひ行事ハ、是非なき事なり、それにつきくた〳〵しくいひ立し数々の老の苦しみ、其身にあたらされハ知られさる所なり、そをおもひ彼を思へハ、長命は詮なきものなり、此身神仙にあらされハ、片時も無心不慾にしてハ居られす、頭上にて雷鳴すれハ落ことかまはぬ心にハなられす、されハ見るにつけ聞につけても、木偶人の如くにもならす、無益なる長命なり、油煙斎（鯛屋）貞柳老人の百ゐても同し浮世に同し花月ハ眞丸雪は眞

と思えば、毎夜按摩の瞽者を招いて、日暮れる頃より臥床（寝床）に入って、按撫をしてもらい、その運動を助け、眠付きを度として（程合いとして）止る事は常々のことである。このように子供等が心を配り、仕えてくれる事なので、今日まで長命して無事でいることと思われる。人には貴賤上下の差別はあるけれども、養生に何一つ不足はない。

　もとより医師の身であるから、鍼灸湯液の類は意を用いている。けれども春がさり秋が来て、去年より今年と衰えゆく事は、是非ない事である。それについて、くだくだしく言い立てた数々の老いの苦しみ、その身にあたらなければ知られない所である。それをおもい、彼を思えば、長命は詮なきものである。この身が神仙ではないから、片時も無心不慾にしてはおられない。頭上で雷鳴がすると、落ちるのを気にしないではいられない。だから、見るにつけ、聞くにつけても、木偶（でく）人形のごとくにもならず、無益な長命である。油煙斎（鯛屋）貞柳老人

白と狂歌せしは、けにさる事そかし、我八十年なからひ見しに、これにいつかたかふ事なし、しかれ共、死かたこそましかとも思ハるゝ事もあり、

一　翁若かりし時、日本橋四丁目に家主宇右衛門といひしものありたり、此男、寛文年中の生にて、長命して齢九十歳に餘りて、時の人仇名して孔子宇右衛門と呼しものなり、これ其頃まては少し常人にかハりし所ある者ハあた名せし事なりしか、此男よく文字の音に通せしとて孔子といへる名を得たる由なり、扨、此男、身貧にして齢長かりけれハ、寿命にあきはて、死へき薬求たしとて人々に所望せしよし慥に聞し事あり、此事狂人の言の如くなれとも、気血あくまで衰へ萬事不自由なる上には、さもあるへし、さして驚く程の事にはあらしと思ふなり、彼貞柳か哥の如くなれハ、強て

の「何しても同し浮世に同し花月は眞丸雪は眞白」と狂歌したのは、実にそのようなことである。われ八十年ながら見て思うに、これに違うことはない。そうであるならば、死ぬ方がましかと思われることもある。

一　翁が若いときに、日本橋通四丁目に家主宇右衛門という者がいた。この男、寛文中の生れで、長命して齢九十歳に余りて、時の人は仇名して孔子宇右エ門と呼んだものである。これは、その頃までは少し常人とかわった所のある者は、あだ名したことであるが、この男、よく文字の音に通じていたことから孔子という名を得た由である。さて、この男、身異(カ)にして、齢長かったので、寿命にあきはて、死ぬべき薬を求めたいと人々に望んだよし、慥に聞いたことがある。この事、狂人の言の如くであるけれども、気血あくまで衰え、万事不自由であるから、そうでもあろう。特に驚くほどの事ではない、と思うことだ。彼の貞柳の歌の如くであれば、強《しい》て長命を

長命を願ふハ無益の事なり。秦始・漢武ハ扨置て、あまりに命おしかる人々は此苦しみを知らさるのひかことなり、これを知らさる人々の為にとて、翁か此身にある所を記し留めて、八十にあまりし老か身にて申置侍るなり、

斯編所述、先生老来之常態盡矣。然今耄耋而有此獨語所以、精力之過絶、元神之全存、豈与世之加馬齢而空老干醫卜者同日而論乎哉。夫子所謂老而益壮者、先生有焉。

教下末弟　茂　質　拝題

願うは無益のことである。秦始（秦始皇帝）、漢武（漢武帝）はさておき、あまりに命おしかる人々はこの苦しみを知らないひがこと（僻事、僻言、まちがい）である。

　これを知らない人々のためにと、翁がこの身にある所を記し留めて、八十にあまる老の身で申し置くことである。

「斯編所述、先生老来之常態盡矣。然今耄耋而有二此独語一所以、精力之過絶、元神之之全存、豈与下世之加二馬齢一而空老干医卜者上同日而論乎哉。夫子所謂老而益壮者、先生有焉。

教下末弟　茂質拝題」

と大槻玄沢が付記している。

二　解題

一　鶴亀の夢

子供や孫に囲まれて、享和元年（一八〇一）いよいよ七十歳の古稀を迎えようとする杉田玄白が記した戯文で、同年十月晦日の夜半、玄白の書斎で愛用の文房具が酒宴を開いて、身の上の自慢話をした話である。

原文は、玄白の日記『鷧斎日録』の十二月五日の条にも記載されている。翌春、古稀を迎える玄白が、知友に請われるまま、友人の文人画を善くする後善斎主人に頼んで、硯、筆、墨、鶴の筆架《ひっか》、亀の文鎮、蝶の筆洗、兎の水入などの絵を加え、一幅に仕立てて贈り、その写しは浄書したまま手箱の中に入れ、忘れてしまっていた。

のち、天保三年（一八三二）になって、玄白の養嗣子杉田伯元（紫石）が自分も古稀を迎えるに当たり、親族や知友から祝いをうけ、その返礼に、あれこれ思案のすえ、ふと父玄白の古稀の遺墨を思い出し、これを上木、すなわち印刷して頒《わ》けた、というわけである。

かつて、玄白の親友で養嗣子伯元の師匠である紫野栗山がこの文を一読し、玄白が珍しい文才の持ち主であることを賞讃した、と伝えられている。

夢記短篇の戯文ではあるが、玄白の真意は、夢物語に託して表明した、当時の学者仲間や世人に対する鋭い風刺であったのである。われこそは、われこそはと、自己宣伝に余念のない世の儒者や医者連を、玄白は苦々《にがにが》しく思っていたようだ。世俗の心を超越して、自ら信ずる一筋の道を歩み続けることのみに人生の楽しみを知ろうとした玄白の心が察せられる。柴野栗山はさすがにこの点を見抜いて「玄白真の奇才矣《なり》」と賛嘆の辞を贈ったのである。

末尾の一首には、親視実験を重んじる実学の徒であった科学者・蘭学者玄白の現実主義・合理主義が遺憾なく表明されている、とみる。まさに『養生七不可』の第一・第二条である「昨日の非は恨悔すべからず、明日の是は慮念すべからず」に通じている。古稀を迎えた玄白、雨の日も風の日も、病用の足は遠近に及び、第七条の「動作を勤めて安を好むべからず」の戒め通り、自ら実行していたのである。

二　玉味噌

田舎の人が作る味も匂いもよくない玉味噌。自分で自分のことを誉《ほ》める手前味噌。手前味噌のなかの玉味噌であるとして綴った一文。小国の医家に生まれた自分（玄白）が主君に仕え、生き甲斐のある仕事をしたい、と努めて著わした『解体新書』が公刊によって、名声を得《え》、諸国からの門人を得、患者も増え、拝診した高貴な方々からの賜り物を元手《もとで》に作らせおいた品々を披露、常の住居としている小詩仙堂のほかに、小さな家を、あちこちに作りおいて、出かけ、気がむいたら、友を迎え、茶を煮、酒をすすめ、詩・歌・俳諧に興じ、気のむくままに逍遥してみたい。ただし、大げさなのは煩わしく、うるさい。むしろ、物の足りないことを第一の旨《むね》として、移り住むのになくてはならない限られた調度品だけを定めておこう、と、小屋の図と、そこに備えるべき用具、行箱のなかに入れる用具としての茶箱の中身などを書き置いたもので、玄白晩年を迎える希望と自慢話が盛り込まれている。文化二年（一八〇五）の作である。

玄白の天真楼塾に門人帳といったものが、あったか、なかったかは知られていない。しかし、諸国からあつまった門人数を百四人と数えあげていることのみは注目に値する。惜しむらくは、その実名を書き遺していなかったことである。

三　野叟独語

自分の影法師と語りあう形式をとって書かれた一文で、文化四年（一八〇七）ころの作である。「国家が興隆にむかう時には、かならずめでたいしるしがあり、国家が滅亡にむかう時には、かならずわざわいのきざしがあらわれる」という『中庸』の言葉に一致する、として、最近の天変地異を数えあげ、次いで、国家的憂いとしてロシアの来襲を取りあげる。これは、世に文化の魯寇事件としてよく知られている。

ロシアの狙いをよく知ること、そのうえで、江戸の警備、武士養成の急務、幕府財政の問題におよび、軍備の改革、人材の登用などと、警醒の書、経世の確論となっている。

杉田玄白の『野叟独語』は、その内容が、江戸幕府が直面した北方問題、時に対ロシア問題に深くかかわる評論であったから、識者の注目を受けた。したがって写本の多さは群を抜いている。追い切れるものではない。刊本となったもの、叢書に収録されているものも多く、採録の場合の底本とされた写本も区々としている。本書においては家蔵の写本から原文をとり、現代語訳を試みた。

参考までに、刊本となった例を、それも管見の限りにおいて列挙しておく。

・近古文芸温知叢書　四
・日本経済叢書　19
・日本経済大典　29
・大日本思想全集　12
・古典研究　14の8別刷付録
・南蛮紀文選
・日本の名著　22（現代語訳が入っている）

このほど（二〇一六年十二月十五日）、ロシア大統領プーチンが訪日し、両国首脳会談が行われた。国民の多くは、北方領土の帰属問題に朗報はみられるか、平和条約締結交渉に進展はみられるか、と、期待の声は大きかった。全くみられないであろう、との声もかなり耳にした。結果はどうであったか。

首脳会談のポイント

・北方四島での共同経済活動へ協議開始
・日ロ両国の法的立場は害さない
・協議開始は平和的締結への重要な一歩
・共同活動へ特別な制度創設
・両首脳は締結へ真摯《しんし》な決意
・元島民の北方四島へのビザなし渡航拡大

（『日本経済新聞』二〇一六年十二月十七日朝刊）

会談に対する、大方の期待は裏切られた、という報道が多かったようだ。

喧しく聞こえる声を耳にするにつけ、長い交渉の段階で、それぞれ、置かれた史的条件に違いがあるにせよ、底流する交渉条件、繰り返し、繰り返し、まだこんなことを言っているのか、という感懐も湧きおこった。というのも、蘭学の時代を想像させられたからである。

草創期の蘭学者・杉田玄白の歿後二百年の記念に協賛しよう、と思いたった本書ではあったが、玄白評論の『野叟独語』の内容に呼応する点の少なくないことに気付き、驚嘆を禁じ得ないものがあったからである。問題が発生した同時代において、幕府の求めに応じて、あるいは自らの時代に対する感懐にしたがって、蘭学者が、思いのほか多くの、対ロシア関連の訳著を記していたのである。

ここでは、取り敢えず、管見の範囲で、その書名と著訳者名等を列挙して、後考を俟つことにした。

『魯使道中記』吉雄幸作、安永七年(一七七八)
『魯西亜誌』桂川甫周訳、寛政五年(一七九三)
『漂民御覧記』桂川甫周、寛政五年(一七九三)
『魯西亜本紀同大統略記』前野良沢、寛政五年(一七九三)
『北槎聞略』桂川甫周、寛政六年(一七九四)
『魯西亜志附録』志筑忠雄、寛政七年(一七九五)
『北地危言』大原左全吾、寛政九年(一七九七)
『俄羅斯亜雑話』武田孟文、文化二年(一八〇五)
『二国会盟録』中野柳圃、文化三年(一八〇六)
『魯西亜国志』山村才助、文化三年(一八〇六)
『野叟独語』杉田玄白、文化四年(一八〇七)
『野作雑記』馬場佐十郎、文化六年(一八〇九)
『魯西亜書牘和解』馬場佐十郎、文化八年(一八一一)
『魯文法規範』馬場佐十郎、文化十一年(一八一四)
『日本遭厄記事』馬場佐十郎、文政四年(一八二一)
『魯西亜学筌』足立左内、文政七年(一八二四)
『遭厄日本記事訳成』馬場・杉田・青地、文政八年(一八二五)
『魯西亜国史』中山成徳・小野寺将順、文政十年(一八二七)

四　犬解嘲

犬が嘲りを解く、と題した、医者の社会的立ち位置を示した評論である。

杉田玄白は、陪臣の身でありながら御目見えを許され、文化二年（一八〇五）七十三歳のとき将軍家斉に拝謁を賜った。

世間では、御目見えが許された後の医者は、五節句や朔望に江戸城に登城する願いをし、供廻りも幕府の医官なみに召し連れて歩くという。ところが、玄白は願い出ない。供廻りも少ないというのである。格式を破り、わがままな振る舞いをしていると悪口をいう人がいる、と告げる者がいた。そこで、玄白が弁明して、次のようなことを言った。

御目見えの格に仰せつけられたことは、多年病人の治療に精を出したことを、お上が考えてくださったことで、冥加に余ることである。

登城を願い出ないことについては、陪臣である以上、直接、主家の仕来《しきた》りに従うのが礼と心得ているからである。また、最近、頻尿にいたり、不調法をしてはいけないと心得ているからである。

供廻りの少ないことについては、そもそも、町医は万事、町奉行の管轄下にあり、御目見えになってからは御目付の支配に入る。しかし、御目見え以上というのではなく、陪臣の家老と同格という程度に過ぎない。幕府の小普請の御医師や御薬方の御医師の往来のさまを見ても、みなさまざまで、かならずしも人数を揃えているわけではない。

もともと、お供というものは、自分の身の備えのために連れてゆくものである。わずかの給金の一年契約で雇われる渡り者とか、宿無しで、いざというときに主人の命代りにもならない者を揃えて連れ歩く必要はない。その人、その人の好みどおりでよかろう。

そもそも、医者は、幕府の御条目において、出家した僧と同類にしてある。綾白無垢《あやしろむく》は三位以上、ただし、儒者・医師は制約外としている。だから、医者は官位がなく、白無垢を着ても咎められない。身分が高いという意ではなく、格外であるということである。そのため、官位に任じようとしても官位がない。そこで、僧官の法《ほっ》橋《きょう》とか法眼《ほうげん》とかに任じられるわけである。中国においても、医者は「方技伝」に加えられていて、官位のある縉紳の部にはのっていない。

五　蝌穴談

「蝌は形に似せて穴を掘る」といわれている。虫けら同然の我らではあるが、「蟻の穴より堤のくずれる」のたとえもあることから、白鸖斎老人が緑毛亀庵の宅で無益な長話《ながばなし》をするという形式をとって、世に行われている経済策を論評したものである。

この一作は、国書総目録にも載っていない、従来、全く知られていなかった新出の玄白著作である。筆者入手のこの写本は、美濃判、三十二丁、原装原題簽である。江戸時代後期の国学者で近世考証学の泰斗にして、玄白と同藩の小浜藩士であった伴信友の自筆奥書「右杉田玄白翼著述也文化之初所記云　文化十二年十二月上旬伴信友」を有する。なお、小浜藩書写方であった山田由令が明治十七年に、この伴信友の写本を書写した新写本が小浜市立図書館酒井家文庫に入っている。

この一作は、物価高騰の社会経済、奢侈に走る社会風俗を批判している。「唐・阿蘭陀の人……皆此方の金脈を以て取代しものなるべし、然らば是等に日本の金銀の減りたること幾万と云ふ数……急に金銀掘出すべき山も見へず、又外国へ渡りたる金銀取戻すべき道はあらず」と指摘し、その対策について、「世中奢らぬように制度を立、金銀の融通滞らぬように成就したる上は、金銀の吹替を」するべく、その仕方については、「今の金銀の位を昔の慶長金の位に戻し、目方も壱両四匁に直し」「この壱両を大凡新製金弐両の当となし、同弐匁を壱両とし次第に其割合を以て吹替通用仰付られれば、世上の金銀自然と一倍近くに増道理なり」と具体策を述べている。

六　耄耋独語

玄白は、享保十八年癸丑（一七三三）九月十三日生まれで、文化十三年（一八一六）正月九日の節分までに、玄白の齢《よわい》は八十四歳、生来の日数は二万九千九百十九日を数える、という。

持病持ちの身が、幸いにも、長寿を保っては来た。しかし、老いはてて、思いどおりにならなくなってきている。その苦しみをもしらず、ただ、羨《うらや》み、やたらに長生きを願い、心を労している人びとがいる。

そんな人びとのために、天が与えてくれる人生の定業《さだめ》を筆まかせに、老いぼれの独りごととして、老いの身を赤裸々に語りあかした一篇である。

二年前の文化十一年、回顧録「蘭学事始」を脱稿したはいいが、浄書する元気はなく、愛弟子の大槻玄沢に補訂・浄書を託したところであった。しかし、玄白は、気力を保っていたようである。こんな一篇を記しているのである。「動作を勤めて安を好むべからず」と自らを戒めていた玄白は、相変わらず、病用にも出かけている。全く、驚嘆の一語に尽きる。

附録

一　杉田玄白と長崎屋――その、狙いと行動――

一　日蘭関係概観と長崎屋

日本とオランダの関係は一六〇〇年から始まる。

当初は平戸オランダ商館で、一六〇九年から一六四一年まで、三十三年間貿易が行われてきた。それから、いわゆる鎖国時代になって、一六四一年にオランダ商館が長崎の出島に移転となり、その関係は安政六年（一八五九）まで続いた。その間にオランダの東インド会社自体は破産して国営になったが、対日本との関係においてはほぼ従来どおりの方式で貿易が行われた。この二百十八年間が長崎の出島が地球上で一番輝いていた期間ということになる。

その出島のオランダ商館は何をして来たかと言えば、もっぱら貿易であった。その貿易の基本は「本方荷物 Compagnie Goederen」を扱う「本方貿易 Compagnie Handel」で会社の貿易である。それに対し、命がけでやって来ている商館員たち、彼らにも商売をしていいということで行われたのが「脇荷物 Cambang Goederen」による「脇荷貿易 Cambang Handel」であった。

本方荷物のほうは主として反物類、脇荷物にはサフランとかテリアカなどの薬物とか絵具とかいろいろな雑貨が入っていた。しかし、本方荷物を見ても、脇荷物を見ても、蘭書はなかなか出てこない。

物事においては、基本の上に基本でないものが現れてくる。ここではオランダのハーグの古文書館が多く所蔵する「アイシュ・ブック（Eische Boek）」を取りあげる。アイシュ・ブックとは、日本からの注文書のことである。本方荷物も脇荷物もオランダ側が持ってきたものであるが、それに対してアイシュ・ブックは日本側から出した注文である。

出島に来たオランダ人たちは自分たちのプライベートで使う、使い捨ての品や日本との貿易を円滑にするために日本人に対して盛んにプレゼント（献上品と進物）を持ってきた。この中にオランダの本があると考えられる。

オランダ商館は貿易で非常に儲かった。そこで、「そんなに儲かっているなら将軍様にお礼をしなさい」ということで始まったのが「江戸参府」で、毎年、貿易が終わった後、暇な時期を活用してカピタンが約一ヵ月かけて歩いて江戸に上った。この江戸参府の要目は大きく二つあった。将軍に対する拝礼と、将軍家に対する献上物と幕閣に対する進物をすることであった。

返礼として、「拝礼」に対して貿易を許可する「御条目」というものを与えられた。これが返礼の第一である。返礼の第二は将軍家からの「被下物（くだされもの）」で、これは時服といい、季節の服であった。ヨーロッパに持ち帰られた服は「ヤパンセ・ロッケン Japanse Rokken」と言われ、非常にもてはやされた。ライデン大学の先生たちはこれを着て卒業式で学位を授与していたとのことである。これは江戸時代の日本の服飾がヨーロッパに強い影響を及ぼしたことの好例にもなるかと思われる。この御礼と返礼がカピタンの江戸参府の基本である。

その使節たちは毎年どこに泊まったか。江戸の場合は日本橋の長崎屋であった。いまのＪＲ新日本橋駅の四番出口のところで、都の史跡としてプレートが掲げられている。京都の場合は海老屋、大坂の場合は長崎屋、小倉の場合は大坂屋、下関の場合は伊藤家と佐甲家の五都市六軒のオランダ宿であった。江戸の長崎屋は有名な宿であったが、火災でしばしば焼け、一切、史料がない。それで研究が進まなかった。

幸いにして神戸市立博物館に海老屋の史料があり、それに基づいた研究が拙著『阿蘭陀宿 海老屋の研究』と『史料篇』である。これを契機にして、零細な史料を集め、長崎屋の研究を進め、まとめて刊行したのが拙著『阿蘭陀宿 長崎屋の史料研究』である。

江戸参府でカピタンたち一行が江戸にいるのはせいぜい二十日間ぐらいであった。二十日間で一年間の生活ができるはずはない。したがって、長崎屋には本来の家業があった。それが薬屋であった。泊まったオランダ人たちはカピタンと書記が一人と医者が一人、計三人いた。それに対して日本人側は、何といっても言葉の問題があるから、通訳がついてくる。これが阿蘭陀通詞で、江戸番大通詞と江戸番小通詞といった。これに加えて、検使以下、警固の役人や人夫が六十人近くもついていった。

寛政二年（一七九〇）からは、四年に一回ずつ参府が行われるようになり、休年には、阿蘭陀通詞が半分のプレゼントを持ってくるということがしきたりになった。このときの通詞を「参府休年出府通詞」という。江戸の蘭学者は通詞を頼りにした。

長崎屋は献上物を置く施設でもあったから、立派な地下蔵を持っていた。しかし、ＪＲの新日本橋駅ができるときに掘り起こされ、埋蔵物があったはずなのだが、全部どこかに行ってしまった。だから、ますます長崎屋の研究ができなくなったわけである。

献上物もそうだが、もし粗相があって、例えば進物を大井川に落としたとか、反物を雨に濡らしてしまったとか、そういうことがあると困るので、スペアを持っていった。無事だった場合はそれが余ってしまうので、それを売った。そういうものを「為替反物《かわせたんもの》」という。鎖国時代は長崎だけで貿易したと言われていた。数量は少ないが、江戸でもこのように売り買いの商売をしていたということであるから、いままでの学説が一八〇度変わるわけである。

このように持ってきた献上物や進物の残りを売ったのであるが、それを取り仕切って斡旋していたのが長崎屋であった。それを大量に買い取ったのが越後屋、いまの三越である。そこで小売をしたから、江戸の市民の中にオランダのものが浸透していったということである。

長崎屋の一階は薬問屋あるいは小売として機能していた。二階にカピタンたちが泊まっている部屋と大広間があって、洋風仕立てになっていた。ここに江戸の蘭学者たちが面談に押しかけた。杉田玄白も行き、いろんなものを見せてもらったり、プレゼントの交換をしたりした。また、シーボルトは蝦夷語の研究をして字引までつくろうとしたということであるから、長崎屋の二階は研究所のような働きもしていたわけである。秘密のやりとりをして、密貿易、密談をする場にもなっていた。そのため、長崎屋の二階はいわば多目的ホールであったと言えよう。

二　杉田玄白の長崎屋訪問

杉田玄白が長崎屋を訪問した年のわかるものだけをあげてみる。

明和二年は阿蘭陀大通詞の吉雄幸左衛門が通詞として来たときで、平賀源内が寒熱昇降機を自慢しており、毎日、来ていた。

明和三年は玄白が前野良沢に誘われて長崎屋に行き、この年にやって来た大通詞の西善三郎という人に「江戸でオランダ語の勉強ができるでしょうか」という有名な質問をして、「そういうことは難しいからやらないほうがいい」と懇々と説教された。そのときに「そんなに難しいものならもうやめた」と言ってやめたのが玄白で、何も言わないでムッとして、後に長崎に遊学してオランダ語を勉強したのが良沢であった。

明和六年は玄白が吉雄幸左衛門に入門したことでよく知られている年である。この年にヘイステルの外科書を借りて図だけを写したということもわかっている。

明和八年はいうまでもなく、長崎屋で町奉行から観臓の許可を玄白は受け、翌日、小塚原で観臓をした。小塚原の観臓の翌日からこの年に手に入れた『ターヘル・アナトミア』の翻訳に取りかかったということで有名な年である。

翌年の明和九年は珍しく五回も日本にやって来たフェイトというカピタンが来ていて、玄白はフェイトと大分、親交を深めていたようだ。

安永二年はやはり吉雄幸左衛門がやって来て、翻訳が大分進んだらしくて、彼に『解体新書』の序文をお願いするということが行われた年で、よく知られている。

天明五年の場合はカピタンのロンベルグがやって来た年で、この年も吉雄幸左衛門がやってきている。前に来たフェイトが日本から帰る途中で亡くなって、その様子を聞いているということからも、玄白が訪問しているということがよくわかる年である。

天明七年と天明八年の場合は大槻玄沢の『西賓対晤』の中の記述でよくわかっている。もっとたくさん長崎屋に行っていただろうと思うが、いままでにわかっているのはせいぜいこれぐらいである。

三　鷹見十郎左衛門宛　杉田玄白書翰

こういう基本的な日蘭交流の機会を活用して生まれたのが江戸の蘭学趣味ということになる。その具体例として二つの手紙を披露して交流の様子を具体的にみていきたいと思う。

一番目の手紙（図11）は鷹見十郎左衛門宛の杉田玄白の書翰である。古河藩の土井利位と言っても、あまりピンと来ないかもしれないが、日本で初めて顕微鏡を使って雪の結晶を観察して『雪華図説』を書いた人で、「雪のお殿様」として有名な人物である。水野忠邦が失脚した後、一年間だけ老中首座になった人物としても知られる。江戸家老の鷹見泉石は、教科書にも載っていて、唯一国宝になっている渡辺崋山の肖像画で有名な人物である。非常に交際範囲が広く、おもしろい人物である。泉石の史料が鷹見家から古河に寄贈され、

①　②　③　④　⑤　⑥　⑦

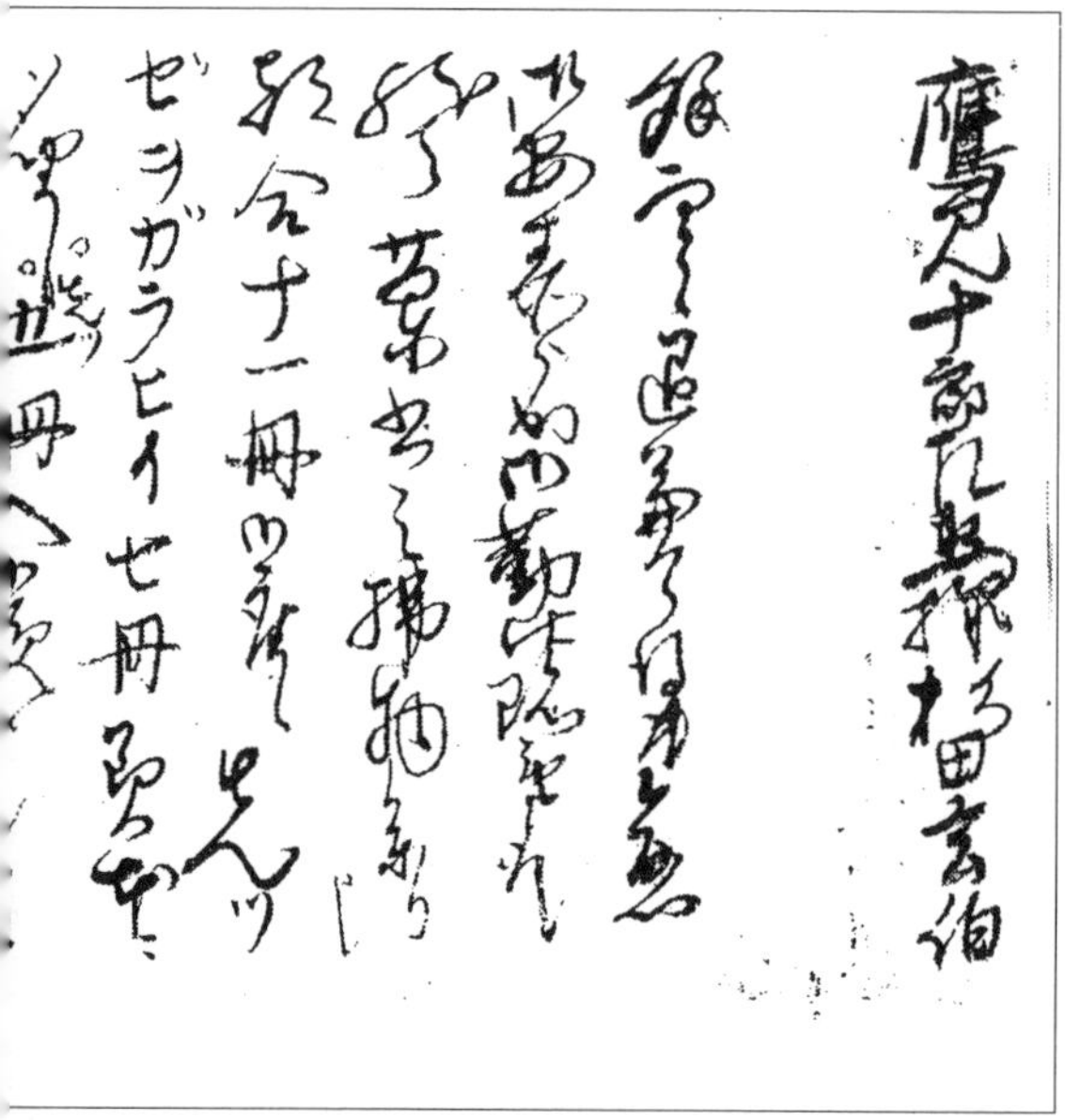

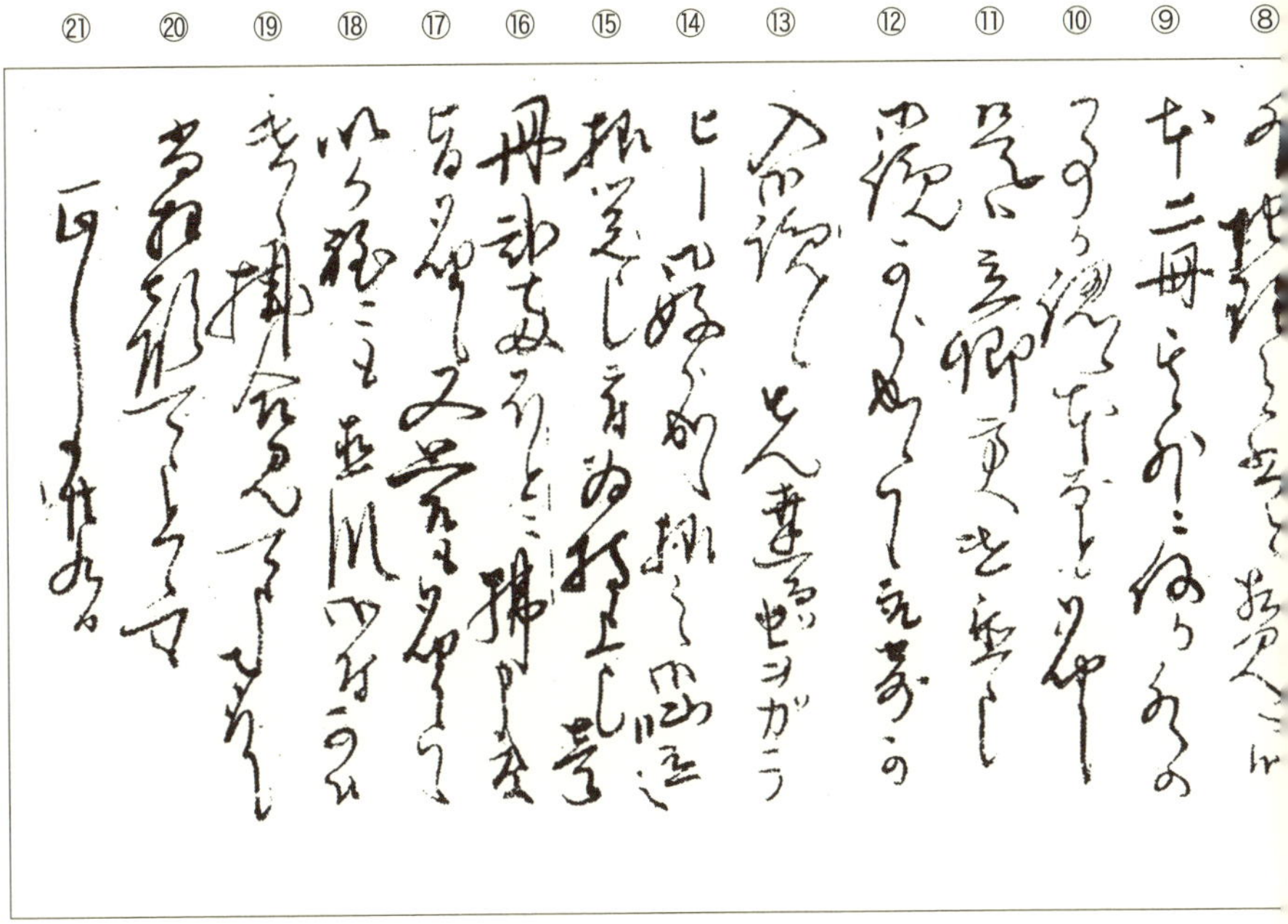

図11　鷹見十郎左衛門宛　杉田玄白書翰（古河歴史博物館蔵）

筆者はそれに関連して鷹見家資料学術調査団長を仰せつかった。八千点を超える史料のうちの三千点ぐらいがいま文化財に指定されている。

その中に二千点を超える手紙類がある。これが非常におもしろくて、目下この二千点を超える手紙の解読を行っている。調査団以前から読みはじめ団長をしているときもぽつぽつと読みすすめ以後も読みつづけている。現在は、蘭学に関係の深い二百通余りを読んでいる。この手紙はそのうちの一通で現在は古河歴史博物館に所蔵されているものである。

手紙をざっと読んでみよう。

「鷹見十郎左衛門」というのは泉石の通称である。

「鷹見十郎左衛門様 杉田玄白①」（丸の中の数字は一行目ということ。以下同様）

「餘寒 退き兼ね候えども、いよいよ御安泰 御勤仕なされ、珍重に存じ奉り候（餘寒 退兼候得共癒御安泰 被成御勤仕 珍重奉存候）②〜③」、「然らば蘭書の払い物参り申候（然は蘭書之拂物参申候）④」、ここで蘭書の払い物が出てくる。

「都合十一冊御座候、先ずゼヲガラヒイ七冊（都合十一冊御座候 先ツゼヲガラヒイ七冊）、⑤〜⑥」とある。「ゼヲガラヒイ」というのは江戸の蘭学者が通称として使っていた言葉で、Joan Hubner の『Algemeene geographie ; of Beschryving des geheelen aardryks……』という長い書名の本のことである。こんなに長い書名をいちいち読んでいられないものだから「ゼヲガラヒイ」と言っていたわけである。当時の蘭学者がこういう省略的な言い方を盛んにするものだから、時代を超えて、現在の研究者は非常に悩ましいのである。蘭学史研究の難しいところである。

「美本に御座候（美本ニ御座候）⑥〜⑦」、たいへんきれいな本だというわけである。

「先ず五冊御覧に入れ申候（先ツ五冊入御覧申候）⑦」、まず五冊ごらんにいれるということである。

「その外、地理の書と相見え候本二冊（其外地理之書と相見へ候本二冊）⑦〜⑨」ということである。実は泉石は非常に地理が好きで、日本の地図を全国にわたって集めていて、外国の地図もたくさん集めていた。

「その外に何か水の事が認め候本など御座候、是は立卿方へ遣わし置き申候（其外ニ何か水の事か認候本なと御座候、是ハ立卿方へ遣置申候）⑨〜⑪」、杉田玄白は子供がなくて養子をとったが、後から生まれた実子が立卿で、玄白は大変可愛がっていた。後に、『眼科新書』を著した人で、この立卿に水の本を二冊渡しておいたということである。

「御覧成らる可く候はば（御覧可被成候ハゞ）⑫」、もし見たいというのでしたらばということである。

「取寄せ御覧に入るべく候、先だってはゼヲガラヒイ御好みなられ候ようのお咄これあるよう覚え申候につき（取寄可入御覧候、先達而ゼヲガラヒー御好被成候様之御咄有之様覚申候ニ付）⑫〜⑮」、前に会ったときに泉石がこの地理の本に興味を示したのか。「取り寄せてごらんに入れましょう」と言っている。

「持たせ上げ申し候 一冊二両ほどに払い申したき旨御座候（爲持上申候 壱冊弐両ほどニ拂申度旨御座候）⑮〜⑰」、一冊二両で、これを与えたいということである。十一冊であるから、二十二両になる。文政時代の物価を示すデータでは、一両が十二万八千円であるから、単純計算すると二十二両は二百八十一万六千円になる。およそ三百万円の商売をしたわけである。そのうちの七冊がゼヲガラヒイというから、これが百八十万円になるという計算になる。

「又思し召しも御座候はゞ、いかほどにも値段お付けつかわさるべく候、掛け合い見申すべく候（又思召も御座候ハヾいか程ニも直段御付可被遣候、掛合見可申奉存候）⑰〜⑲」、そうは言うけれども、泉石が値段をつけてくれれば掛け合ってみましょうと言っている。

「なお、拝顔申し上ぐべく候、以上、正月廿九日（尚、拝顔可申上候、以上、正月廿九日）⑳〜㉑」とある。

長崎屋を舞台にして、オランダ船によって舶載された蘭書が斡旋されていたということがわかる。このようにして、桂川甫周とか大槻玄沢の間でこの「ゼヲガラヒイ」が盛んに用いられていたことがわかる。桂川甫周の『北槎聞略』などにも引用されているが、そういうことからすると、長崎屋を経由して本の売り買いをしたり、あるいは、プレゼントされたりしたものが江戸の蘭学者の間で活用されていたことがよくわかる。

四　ダッフル宛　ギュル篇書翰

続いて、二通目の手紙（図12）について検討してみたい。

これは「ケソントヘート　ヒリシテール①」と書いてある。普通は「謹啓」とか「拝啓」と書くような場所にこんな言葉が書いてある。「ケソントヘート　ヒリシテール」というのはオランダ語、これを書いたのは江戸の菓

⑭　⑬　⑫　⑪　⑩　⑨　⑧　⑦　⑥　⑤　④　③　②　①

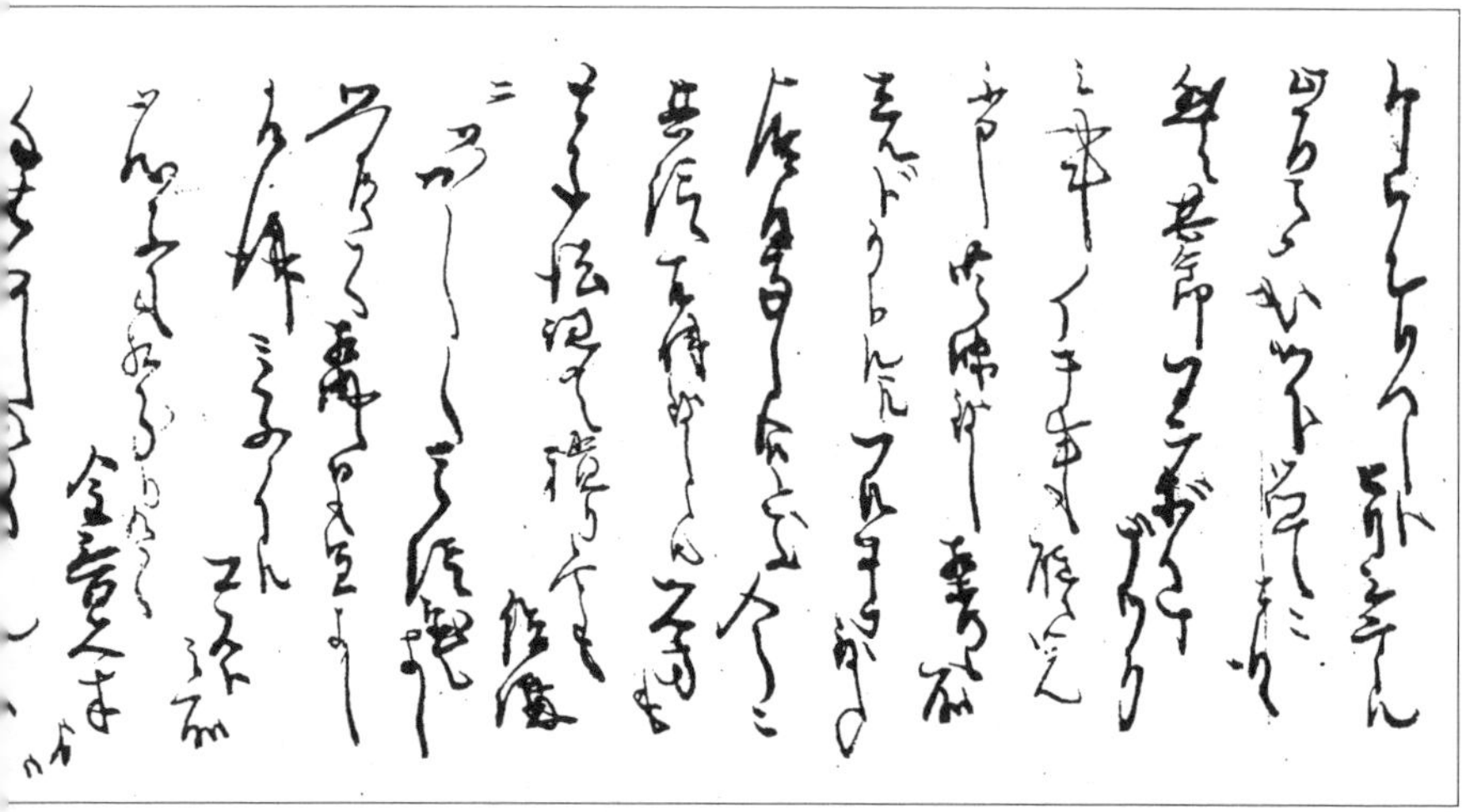

子屋の主人である「ギュル篇」。そのような商人がオランダ語を片仮名で書いている。しかも、老中筆頭になった人物についていた江戸家老である「ダッフル」に出した手紙である。身分を越えているということもわかる。

結局、これはどういうことかというと、「Gezondheid Feliciteer」というオランダ語を「ケソントヘートヒリシテール」と書いているわけである。「Gezondheid」は「健康」、「Feliciteer」というのは「お祝いする」とか「賀する」という意味である。つまり「健康をお祝いする」ということで、易しい言葉でいえば、「ご健康で」とか「お元気で」と言うだけのことをこのような具合に書いたのである。たったこれだけのことを最初に見せられても、すぐにはわからない。

二行目は「此の間はお出で下され御早々に存じ奉り候（此間者御出被下御早々ニ奉存候）②」と読めると思うが、これで、この間、ダッフルがこのお菓子屋を訪ねたということがわかる。身分を越えて、こんな交際があったことが判明する。「然ば其の節（然者其節）③」、「マンボッケブック之事③〜

⑮ ⑯ ⑰ ⑱ ⑲ ⑳ ㉑ ㉒ ㉓ ㉔

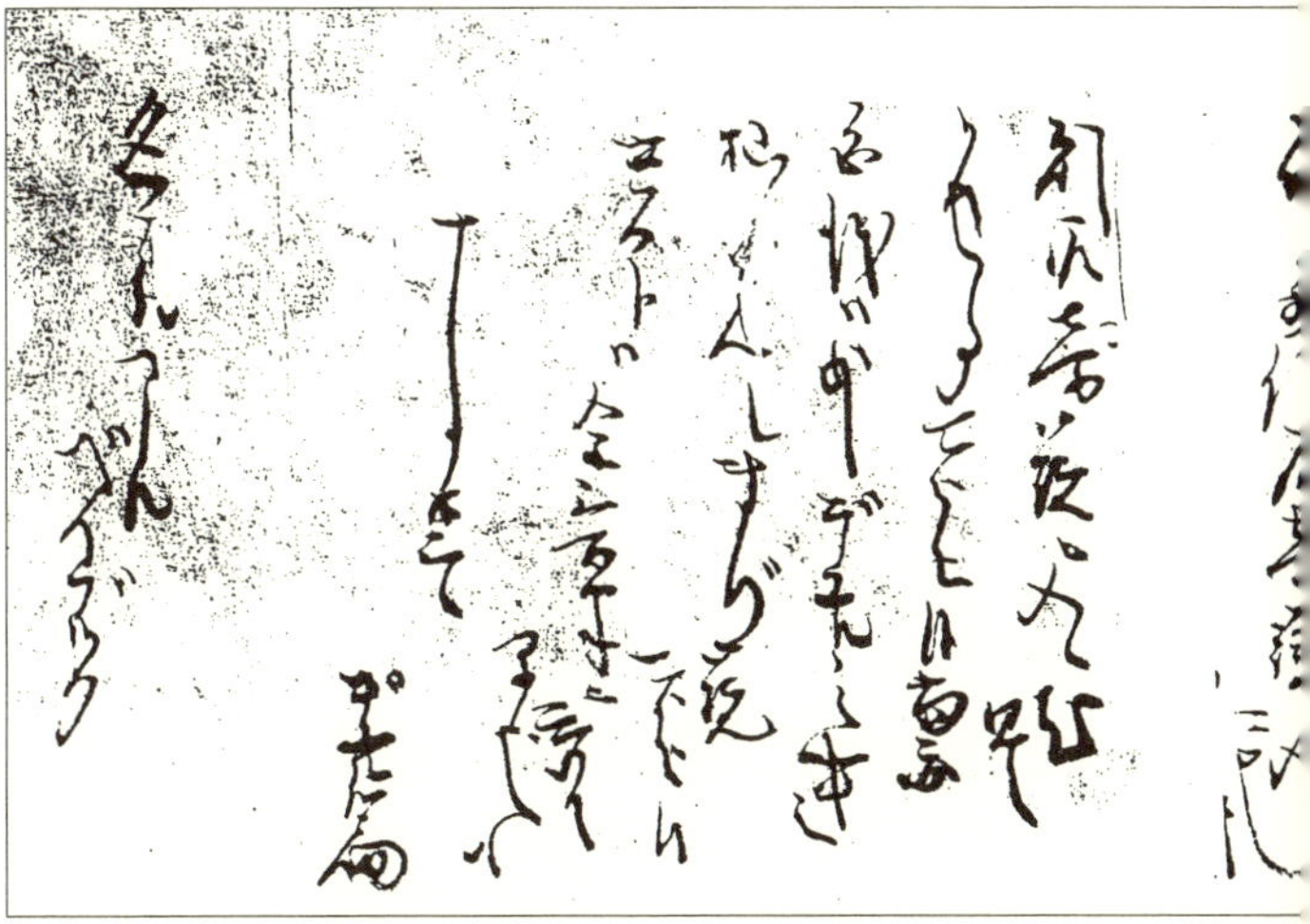

図12　ダッフル宛　ギュル篇書翰（古河歴史博物館蔵）

④」と読める。「ブック」は本のこと。「マンボッケ」については後述する。

「イキ事も聢に覚え申さず候（イキ事も聢ニ覚不申候）④〜⑤」、「イキ事④」、「イキ」はオランダ語で「ik」。正式にオランダ語を書くとすれば「イッキ」か「イック」と書くべきところだ。江戸の商人が「イキ」と書いてしまったのでわかりにくいが、「ik」というのは私、自分という意味。私もマンボッケのことはよく覚えていないが、「吟味いたし候（吟味致候）⑤」、よく考えてみましょうということである。

「相考候所、去るドクトルへフルコーフ致し候（相考候所、去ルドクトル江フルコーフ致し候）⑤〜⑥」と書いてある。「ドクトル」は恐らく蘭方医だと考えられる。「フルコーフ」というのはオランダ語の「verkoop」に当たるとみられる。これは物を「売る」という動詞である。さる蘭方医にこれを売ってしまったと言っているわけである。

「仰せつけられる事申合せ候処（被仰付事申合候処）⑦」と書いているが、文章の意味からすると、少し違うと考えられる。字そのものは「申」という字であるが、文章の前後の続き具合からすると、ここは「問合わせ」にしないとおかしいので、これは書き間違えているだけで、「問合わせ候所」である。ギュル篇という人物がさるドクトルに問い合わせたということである。

そうすると、「(此の品物は) 今にそのままに取りえ致し候由 (今ニ其儘取得致候由) ⑦〜⑧」、そのままにして持っているというわけである。

その次の行の二番目は「法」という字で、一番上の文字を二文字と読むか、一文字と読むかが問題となる。「法」の上は「薬」という字である。少し見ると「楽」という字に見えるが、「艹(クサカンムリ)」があるので「薬」という字である。

「先方も薬法認めのつもりに御座候も (先方も薬法認メ之積り御座候も) ⑧〜⑨」、この本を買ったドクトルは薬法について書き込みをしよう、ノートをつくろうと思っていたらしい。

「結構ニツかしく其のまま置き候よし (結構ニツかしく其儘置候よし) ⑨〜⑩」、「ニツかしく」のところは、筆が跳んでしまっているようである。「ムツかしく」となるのだと思う。難しくそのままになっているというわけである。

「候」という字は崩していくと最後は点になってしまうが、「思し召し候はゞ、相払い候ても宜しき由 (思召候ハゞ相拂候而も宜よし) ⑪」、先方のドクトルは「ダッフルがそんなに興味がおありなら譲ってもいい」と言っているというわけである。

「さよう、ミネイル コストの所 (左様、ミ子イル コスト之所) ⑫」「ミネイル」は「mijn heer (貴君)」「コスト」は「kost (代価)」。

「御様子も相わかり候はゞ (御様子も相分り候ハゞ) ⑬」といってその次に値段が出てくる。

「金三百足半よりは手放しがたく申候 (金三百足半ゟハ手はなしかたく申候) ⑬〜⑭」と読める。

「まず御様子を相伺い、取寄せ御覧に入れ申すべく申候 (まヅ御様子相伺 取寄御覧ニ入可申候) ⑭〜⑮」、ダッフルの様子を伺ったうえで、「取寄せ御覧に入れ申すべく」としている。場合によっては、あなたのご都合を伺った上で先方のドクトルと交渉して取り寄せて、ごらんにいれましょうと言っているわけである。

それで、ここ（⑮と⑯の間）で手紙が切れてしまっている。バラバラになっている手紙の中から、これと同じような筆跡を探し、発見したのが後半の数行の文章である。筆跡は同じである。

後で読んでわかったのだが、文章の内容からすると、切り離された前と後ろで時間の経過があったのではないかと思うのであるが、ここではそれはあまり詮索しないことにする。

「即ち取寄せ御覧に入れ候（即取寄御覧ニ入候）⑯」、やはり取り寄せて、ごらんにいれたということである。

「尤も早々お返事下さるべく候（尤早々御返事可被下候）⑯〜⑰」、早くお返事をくださいと言っている。

「尚また金銭は少々デュルのことのよう（尚亦金銭ハ少々デュル之事之様）⑰〜⑲」。「デュル」というのはオランダ語で「duur」、値段が高いということである。

その次は傷んでいて見えないが、「存じ（そんし？）⑲」と考えられる。だから、「存じまず御覧（そんしまず御覧）⑲」である。

その次が難しい「先ず御覧下さるべく候（まづ御覧可被下候）⑲」である。取り返しましたら、ごらんになってくださいということである。

その次の行は、「コストは金三百半に御座候（コストハ金三百半ニ御座候）⑳」、先ほど「三百疋半」と書いてあったが、その値段どおりである。次の「御座候」も非常に崩してある字である。

さて、ここに出てくる「コスト」とは何なのかということであるが、ここで少し脱線する。以前杏雨書屋で本を数冊、閲覧したときに、棚に飾ってある書簡集を見たところ、書簡集の第一冊目に杉田成卿の手紙が数通、紹介してあった。その第一号の手紙の解読文が書簡集に載っており、その途中に「コスト」という言葉が出ていた。それには解説がついていなかった。それはここに出てきた「コスト」は、「kost」で、英語と同じように、「価格」とか「値段」とか「代価」という意味である。この本の代価は金三百疋半だと言っているわけである。

さて、もとに戻って、次に「早々申上候⑳」とあって、日付は「十月二十三日（十月廿三日）㉑」である。差出人は江戸の菓子屋の名前で、「ギュル篇㉒」と書いてある。

そして、宛て先は「ダッフルヘール㉓」となっている。

その斜め左下に「ベイブック㉔」と書かれている。

先に保留にした「マンボッケ」という本であるが、このあたりまで読んでくると、解釈することが可能になる。断定はできないが、さるドクトルは多分、しょっちゅう長崎屋に行って高い蘭書を買っていた杉田玄白ではないかと思われる。

というのは、人物叢書の拙著『杉田玄白』を見るとわかるのだが、彼は西善三郎から説教されたときに、「そんなに面倒なことはやっていられない」ということでオランダ語の学習をやめた人で、前野良沢はムッとして黙ってオランダ語を学習した人である。であるから、玄白はオランダ語を読めないわけであるが、いまも昔も医者は高収入だったようで、その金で蘭書を購入し、自分が読めなくても弟子とか子供とか孫に読ませていた。先ほどの立卿にもそれを与えて読ませているということからもわかる。

そうすると、「マンボッケ」の「マン」は「Man」でいいと思う。「ボッケ」と書くからわからないが、恐らく「Man Pokken」だと思う。これは「疱瘡」、「種痘」のことであるから、玄白も欲しがったに違いない。このようなことを通じて、長崎屋でこのような本が江戸の蘭学者の間で売り買いされていたということがわかる。菓子屋も菓子だけを売るのではなくて、この手紙を見ると珍しい高価なオランダの本まで斡旋していたという事実がわかるわけである。本方荷物とか脇荷物には出てこない、本当に知りたい蘭書がこういう形で現れてくるという筋道がくっきりとわかったわけである。

先ほどふれた杉田成卿の書簡集の一巻の一二六ページの一七八番に「コストは五百疋」と書いてあるが、この「コスト」も価格である。

この文章の中に「シイク」という言葉が出てくるのだが、これは「Ziek」、「病気」のことで、これを江戸の人は「シイク」と言っていたわけである。

また、杉田成卿の書簡集の一二八ページ、一八三番目の文章を見ると、やはり片仮名が幾つか出てきている。その中に「メース」という言葉が出てきて、書簡集では「Meest」と読まれ、「ほとんど」という意味に解されているが、これは間違いで、江戸の人が「メース」と言うときは「Meester」のことを言い、「Meester」は「先生」のことであるから、「先生はじめ誰それさんにも」という意味になる。

「ギュル篇」に話を戻すが、これは拙著『それでも江戸は鎖国だったのか』の中に写真を載せてあるので、参照してほしいと思うが、江戸長崎屋の二階の図を載せておいた。これを見ると、左の隅にいる着物を着た人が、大久保彦左衛門がかけるような眼鏡をかけて本を読んでオランダのカピタンに話をしている。

これはどういうことを示しているのだろうか。この人物は片言でもオランダ語をしゃべったのではないかと考えている。江戸には伊勢屋という商人が掃いて捨てるほどたくさんいたようだが、この人は伊勢屋七左衛門兵助といって、Frederik van Gulpen という立派なオランダ名を持っていた。だから、いま検討している手紙は Gulpen さんから Dapper君に当てた手紙ということになる。Dapper というのは「Jan Hendrick Dapper」で、これは鷹見泉石のことである。そして、この手紙の文字の向こうに杉田玄白の顔がちらちら見えるおもしろい手紙であったということがわかったわけである。

先に「ダッフルヘール」と書いたが、「ヘール」というのは「何々君」とか「何々さん」という男性に与える言葉であるから、「Dapper 様」という意味になる。

その次の「ベイブック」という脇付がおもしろい。日本の普通の手紙では、宛て先の脇には「机下」とか、そういう脇付をつける。これを訳すと、「ベイ」はオランダ語で「bij」、「そば」のことである。「ブック」は「Boek」で、「本」のことである。であるから「本のそば」が「机下」に当たるということで、こういう脇付はオランダでは使わない。これは江戸時代における和製オランダ語である。そのような事実がわかってきたといえる。

五　まとめ

以上の検討を通じて、分かったことをまとめていきたい。

一番目は、江戸では強烈なオランダ趣味が横行していたということである。蘭学趣味というか、その最も典型的なものがここに出てくる片仮名表記の妙なオランダ語である。最初の「ケソントヘート ヒリシテール」というのは読むことは難しいのではないか。こんな妙なオランダ語を使い合うというのがオランダ趣味といえる。

二番目は、長崎屋を舞台にして蘭書の売り買い、プレゼントが盛んに行われていたということである。これは正規の貿易の影に隠れた重大な問題といえる。蘭学を考える場合、むしろここが重要であると思われる。

三番目は、「マンボッケ」が天然痘、疱瘡の本であることがわかったということである。

四番目は、長崎屋の機能である。情報交換の場であったということと、蘭書のほか地図とか輸入薬もそうだと思うが、そういう物の交換の場所であったということである。時には秘密の約束のやりとりもあって、それでシーボルト事件が起こったわけである。

五番目は、鷹見泉石に宛てられた手紙は二千通を超えて現存しているが、実際には、もっと多かったと考えられる。これはどういうことを示しているのであろうか。泉石はいろんな人にたくさんの手紙を宛てたということである。いま泉石のところに来たものだけはわかっているが、本当はそうではない。全国で泉石の手紙を探索してみる必要がある。

全国に散在する泉石の手紙の一つが、長崎のシーボルト記念館の中山家の文庫の中にある。中山というのは阿蘭陀大通詞の中山作三郎で、通詞のコレクションとしては日本最大のものである。

それにしても、どうしてこういう江戸時代の手紙が読みにくくなってしまったのであろうか。というのは、江戸時代の寺子屋から始まった教育であるが、あの当時、世界で一番、識字率が高かったのは日本人だったと言われている。明治以来、教育の進歩がどんどん早くなり、現在はこういう携帯電話がはやる時代になった。私も使っているが、これはもっともっと進歩するだろう。ただ、教育もあまりにもスピードアップして変化したために、古文書を読める人が極端に少なくなって、かつての宝の山が読めなくなってしまったのである。これは大変なことである。洋書や和書、そして手紙も活用して、今後、調査研究・学会活動が盛んになって、蘭学の分野が進歩することを願う。

（武田科学振興財団 杏雨書屋 第29回研究講演会記録「杉田玄白と長崎屋――その、狙いと行動――」（『杏雨』第一六号、二〇一三年）を改稿したもの）

二　杉田玄白と海外情報

はじめに

蘭学者杉田玄白の日記「鷧斎日録」は簡潔なメモで、まるでカルテの記載のようである。そんな記事の中で、玄白が耳にし、筆に託した海外情報記事は箇条も多く、ときには長文にわたるものも見受けられる。かつ、仔細にみていくと、決して世間的関心事の域に留まるものでないことが、その内容から窺える。玄白の示した海外情報入手の熱意は、当時の他の蘭学者達がある程度持ち合せていた気持ちの代表例とも思える。

一方、海外情報の中でも、特に秘密情報とされて、幕府要路内の閲覧だけに限られていた阿蘭陀風説書が民間識者の間に漏洩・流布していくことは幕府の威信にも関わることであって、極めて重要視されるべき問題と思われる。

本稿においては、玄白が得た海外情報の具体例と、幕府の対外方針の変化と、蘭学発展の時期と契機等について究明してみたいと思う。

一　玄白の日記にみえる海外情報

大黒屋光太夫は磯吉らと天明二年十二月、神昌丸の船頭として伊勢白子浦を出帆したが途中駿河沖で遭難、漂流を続けて北上し、アレウト諸島の一つに漂着、ロシア人に救助され、イルクーツク・ペテルブルグに滞在、エカテリーナ二世にも会った。やがて、寛政四年（一七九二）十月、十一年ぶりで露国遣日使節ラックスマンに伴われて根室に帰還したのである。

杉田玄白は、この報を翌月、江戸で耳にした。「鷧斎日録」の十一月二十日の条に、

○此節ロシヤ国より日本人漂流者召連、蝦夷地へ参候、交易ヲ兼願とて、松前侯急ニ帰国被　仰付、弁津軽侯御手当被　仰付、御目付石川将監村上大学御用懸被　仰付、来廿九日発足之由、黄金二十枚ツツ被下、御小人目付　早立候由

とみえる。これは通航一覧所引の「北海烏船記」よりも詳しい部分もあり、「石川家譜」にも合致する正確なメモである。

次いで、十二月六日と九日の両条には、帰還漂流民光太夫ら一行が十一年前に漂流してから帰還するまでの一部始終が詳細に記されているが、これも正確度の高い記事である。

なお、翌寛政五年八月十八日の条には、

○ムスコヒヤ漂流人近頃帰府□。

ともある。とんで、寛政八年九月十一日の条には、

先月十五日蝦夷地クナジリヘヱンゲレス船百十（人）乗漂着御届出ル。

などとあって、北方関係に対する関心の度を示している。寛政九年閏七月十一日の条には、

○先月廿一日、銚子沖へ異国船着、別ニ洋中六艘見るのよし、何ノ船と云ふ事不知、松（前）右京公より御届出。

などと、異国船の接近の報を早速書き留めて、北辺の露国関係だけでなく、広く海外に対する関心の度合の高いことを示している。さらに翌十二日の条をみると、驚くなかれ、次のような記事が目を惹くのである。

十二日　大風雨　所々人家ヲ破る。本庄病用。雨故早ク帰る。

当年紅毛着之所、欧羅巴及印度所々戦争ありて、インキリス諸国ヲ乱リ、紅毛商館共被奪ニ付荷物少ク、其上大船ハ軍用ニ用、夫故小舟ニてカビタンも不乗参ル由、尤去年来の戦故去年も不来よし申上、其外ヲロシヤ女帝死し、トルコト戦ヒスウエーテン、マストも乱ル、よし申上。

これは如何なる記事であろうか。

二　寛政九年の阿蘭陀風説書

寛政九年の夏七月、江戸城の老中のもとに長崎奉行から秘密の至急便が届けられた。簡単な添状を付した本文は次のようなものである。

風説書

一　当年来朝之阿蘭陀船壱艘、五月廿四日咬𠺕吧出帆仕、海上無別条今日御当地着岸仕候。外ニ類船無御座候。

一　去々年御当地より帰帆仕候船、十一月十七日海上無滞咬𠺕吧着船仕候。

一　ふらんす国臣下の者共徒党仕、国王幷王子を弑シ、国中及乱妨、阿蘭陀国其外近国よりも同所え押寄及合戦候段、去ル寅年申上候末、臣下逆徒の者共追討仕、王孫の内国主ニ立、旧臣の者守護仕、国中漸平和ニ相成候ニ付、近国和睦仕候、然処ゑげれす国より大軍を発、阿蘭陀国え押寄及合戦候末、阿蘭陀所領商館の向々え乱入仕、剰弁柄幷こすとの両商館横領仕候ニ付、弥戦争相募罷在候。

一　りゆす国の女帝逝去の末、とるこ国と及戦争申候。デーネマルコ　スヱーデン　ノヲルドアメリカ此三国の外、欧羅巴諸州何れも及合戦候段、追々本国筋より申越候。尤前件申上候通、ゑげれす国と阿蘭陀国戦争ニ付ては、咬𠺕吧表え通船難相成、委敷儀何分難相分御座候。就夫印度幷咬𠺕吧辺甚及騒動、諸商館の向々も及戦争候も有之、専防戦の手当仕候儀ニ御座候而、前件申上候通、既印度辺の商館所々ゑげれす国え奪取候儀ニ御座候。右ニ付而本国幷印度の諸商館共不穏候に付而は、咬𠺕吧表之荷物廻着不仕候儀は勿論、大船の分は何れも軍船ニ相備、敵船を相防候ため、所々出張仕候得は、去年の儀何分御当国え出船の手当難相成、仕出シ不申儀ニ御座候。其末今以戦争弥増ニ罷在、殊大船の向々は過半去年来の戦争に付而は破損仕、其上咬𠺕吧乗筋え数多の兵船を伏シ罷在候得は、容易ニ難乗渡、既当年の儀も咬𠺕吧仕出シ候儀難相成程の儀ニ御座候得共、打続両年渡来不仕、殊更外国筋右体之風説不申上候儀、於頭役共も甚以恐多奉存候。依之色々評儀（議）仕候処、迚も是迄乗渡候通りの大船ニ而は、例の乗筋乗出シ候はヽ敵船襲候儀必定の儀ニ而、無難ニ乗通り候儀相叶間舗奉存候ニ付、例の乗筋よりは東南の方ニ針路を求乗通り候様、頭役共より申付候。猶又別而暗礁多場所ニ御座候得は、其辺案内の船方の者共新ニ抱入、有合の荷物積込、咬𠺕吧出船仕、今日無滞着岸仕候儀ニ御座候。且又当年かひたん交代期年の事ニ御座候得は、是非新かひたん渡来可仕筈ニ御座候処、前件申上候通所々及大乱、殊敵船防のため、諸商館え罷越役掛りの者共数多死失仕、誠ニ不慮の患ニ依り、無是非新かひたん乗渡不申儀ニ御座候。

一　咬𠺕吧ぜねらる　あるてんぎ退役仕候ニ付、瓜哇国奉行はんおゝふるすたらあとと申者ぜねらる役本国より申越候。

一　此節於洋中唐船見請不申候。其外相替候風説無御座候。

かひたん
げいすべるとへんミい（サイン）

右之趣船頭阿蘭陀人申口、かひたん承申上候通和解仕、差上申候。以上。

巳六月廿八日

通詞目付
三嶋吾郎助（印）

通詞
加福安次郎（印）

同
石橋助左衛門（印）

同
中山作三郎（印）

同
名村多吉郎（印）

同
今村金兵衛（印）

同
本木庄左衛門（印）

同
横山勝之丞（印）

今村才右衛門（印）

右は、長崎に入港したオランダ船が齎らした海外最新のニュースで、「阿蘭陀風説書」と呼ばれるものである。

三　幕府のニュース独占

鎖国時代における世界ニュースは、毎夏、オランダ東インド会社の根拠地バタビアを出帆したオランダ船が長崎に入港するたびごとに、必ずオランダ商館長から長崎奉行に提出された。その書類は阿蘭陀風説書と呼ばれ、同時に商館長から提出される乗船人員名簿・積荷目録・書簡類とともに、実に最重要書類に属していた。

幕府の命により、オランダ商館はこの阿蘭陀風説書の継続的提出をば貿易存続に対する「御奉公筋」「御忠節」としての重大任務の一つと心得ていたのである。

鎖国時代のオランダ商館長は、馴れあいによる密貿易を防止するために一ヵ年交替を義務づけられていた。そのため、毎夏来航のオランダ船で新任の商館長が来朝するのが原則で、この時、日本向けの世界のホットニュースが携行された。

鎖国日本の唯一の港、長崎にオランダ船が近づくと、その入津に先だって高鉾島の附近で、長崎奉行が派遣する検使によって、厳重なる検閲を受ける取り決めであり、この時に先の四種の重要書類が密封のまま検使に手交されるのである。入港手続が済んで出島に上陸後、商館長室で新旧両商館長・船長・ヘトル・検使ら立ち合いの下で、風説書の原文は開封され、ただちに阿蘭陀通詞が翻訳をする。下書ができたところで、年番通詞が長崎奉行のもとへ持参して、内見に入れる。許可がおりたところで、出島に持ち帰り、二通の清書を作成、新旧商館長、通詞目付・年番通詞たちが署名捺印して、長崎奉行のもとへ再び年番通詞が提出する。

長崎奉行は検分のうえ、一通を密封して翌日のうちに極秘の至急便で発送する。途中の各宿は刻限付で駅伝され、江戸の老中のもとへ速達される。老中の手に入ったこの海外ニュースは他に閲読が許されるわけではなかった。風説書に重要な内容が含まれていて、協議を要する場合には評定所の議案に付せられることもあったが、幕末に至るまでは、むしろそのようなことは極めて少なかったようである。したがって阿蘭陀風説書は老中の手から、少なくとも幕閣要路から外に洩れるということはありえないことであった。事実、幕府の威信の高かったうちは他に漏洩の様子はみうけられない。このことは、寛政の中頃までの年度分の風説書の流布写本が極めて少なく、幕府によって極秘のうちにニュースが独占されていた様子を窺い知ることができることにより首肯できる。

四　風説書の漏洩

杉田玄白が日記に書き留めた海外情報は、明らかに寛政九年度の阿蘭陀風説書の主内容である第三項と第四項に当たる内容であったことが、言葉少なではあるがわかる。これは重大な意味をもつ事実である。

文言が正式文書と一致するわけではないから、見て書き写したものとは思われないが、内容の主要点は正確に書き留められている。したがって、玄白は少なくともこの種の幕府の秘密書類の閲読に深く関係のある人物と交渉をもっていたことになるのである。文言・内容の正確さから、幾人もの耳や口を経た聞き伝えとは決して考えられないからである。

どうして玄白がこのような幕府の機密にかかる重要書類の内容に関心を示し、必要があったのであろうか。

その答えは、この年度のニュースの内容にあると思える。

この寛政九年は、新商館長の着任を見なかったため、在島の商館長へイスベルト・ヘンミー Gijsbert Hemmij が船長より聞きとってこの年の風説書を提出している。

この年の来航船はエライザ号 Eliza といって、実はオランダ船ではなく、北アメリカの船で、バタビア総督府が傭入れて日本へ派遣したものである。船長はスチュワルト Cap.R.C.Stewart といった。かつ、前年の寛政八年は欠航したので、二年ぶりの来航であった。

それというのも、フランスに大革命がおき、オランダはフランス軍の侵略を被り、ウィルレム五世はイギリスに逃亡。その後に設立したバタビア共和国が、一七九五年五月にフランスと和睦をするや、イギリスはただちにオランダと絶交し、艦隊を派してオランダの沿岸を封鎖したのみならず、東西インドにおけるオランダ植民地をも蠶食していったのである。風説書中の弁柄はベンガル Bengal、こすとはクスト Kust 沿岸の義で、インドのコロマンデル沿岸を指す。そのため、バタビアにオランダ本国船が来ることもできず、去年は日本へ商船を差し向ける余裕もなかったために欠航したのである。

風説書において、オランダは自国の不利となる事実を糊塗して、苦しい表現をしている部分もみうけられるが、欧州に大戦争のおこっていることは十分報知している。

玄白も、この戦争によりイギリスが諸国に打撃を与え、各地のオランダ商館が被害を受けたために積荷が少なく、小型船で来航したこと、去年欠航したことなどとともに、欧州諸国の不穏な情勢を書き留めているのである。

玄白は、帰還漂流民光太夫らの話を聞いたことも手伝って、北方の露国関係に関心を寄せていた矢先、今度はバタビア経由、インド・欧州諸国の不穏なる情報に接し、オランダの危機を感じとって、非常に関心を寄せたものと思われる。

年々の江戸参府の商館長・随員・通詞らから海外事情を聞き、進んだ医学書・薬物などを譲りうけ、新知識の吸収に努めていた蘭学者たちにとって、この風説書の内容は一大衝撃であったに相違ない。大げさにいえば、彼らが信ずる蘭学の知識の吸収源が断ち切られ、指針を見失うことにもなりかねないからである。決して他人ごとには思えない重大事であったわけである。

前野良沢が寛政八年、七十四歳でなお、毎年来航のオランダ船が齎らす蘭書を待ちわびて吉川宗元宛の書状に細書しているのと同じように、杉田玄白もまた「自ら読むには暇あらずとも、ゆくゆく子弟らはもとより志ある人に借し与へてもこの道開くるための稗益たるべしと思い」「力の及べる程は費えを厭わず購り求め」「蘭書の分は大部の物といへども」その入手に努めているときであったから、昨年度の欠航、商館長の不着任等、ただごとでないと受け取ったものと思われる。

したがって、玄白はあらかじめ知己を伝ってこの種の海外情報の把握に努めていたのであろう。強い関心を持たねばならないような必要性があったのであり、それ故にこそ、こんなにも速く風説書の内容を耳にしているのである。

玄白の海外情勢への関心はその後も継続している。同年九月末日の欄の終りに、

先月廿四日、異国船朝鮮釜山浦へ着、当月朔日迄、未出帆由御届対州公より出来由。

とあり、また寛政十二年十二月十五日の条のあとに、

□此頃遠州□州か辺、異国漂着と云、太田殿西尾……

とある。日記の蠧がひどく難読ながら、寧波船のことや、遠州山名郡湊村前浜沖に異国船が漂着したことなどを書き留め、翌享和元年正月十八日の条には右の寧波船に関する書翰を書き写してもいる。この年の十月三十日の条の末には、

当月、肥前五嶋へ異国船漂着沙汰あり、未聞詳。

ともあるように、遠隔の地の情報で詳細がわからずとも、早速入手に努めている様子が窺える。このような関心が、やがて玄白をして著述に筆を執らせることとなるのである。

五　幕府の対外方針の変化と蘭学の発展

この寛政九年の阿蘭陀風説書は右にみたような内容であったから、少なからず、わが幕府の首脳部に刺戟を与えたようである。このことは、それまでの風説書の伝存写本が極めて少なく、機密の範囲内から漏洩した様子のみられないのに比して、この年度の流布写本の多いことによってもうなずける。明らかに幕府の機密文書である

風説書が漏洩・流布したことを物語っている。その洩れた風説書は内容が例年と異なり憂慮すべき点の含まれていたことにより識者の注目を惹いて、思いのほか速く転写・流布していったものとみなされるのである。玄白の日記にみえる聞き書きは、まさにこの好例というべきものであろう。

ちなみに、寛政九年の風説の写本は八種類の多きを数えている。

この中でも幸田成友博士が学界に紹介された一通は、伝存阿蘭陀風説書の中でただ一通の原本であって、商館長ヘースベルト・ヘンミーをはじめ、通詞目付三嶋五郎助以下各通詞らが署名捺印をし、奉書紙三枚余の継目の紙背には通詞目付三嶋五郎助が黒印を捺してもいるのである。かつ、これが漏洩は長崎において長崎奉行手附正斎近藤守重の手から洩れたものとも推測されているのである。

他の一本、日本学士院に所蔵される「阿蘭陀船之風説書」は寛政九・享和二・三・文化元・二年の五ヵ年分を収めている。特に寛政九年の分は「寛政九巳年入津阿蘭陀船風説書」と明記し、先に紹介したものと同内容である。さらに、この九年の風説書のあとに続いて「寛政九巳年松前御届書写」という書類が添附されている。これは松前若狭守が、同年の閏七月朔日と七月四日の二回、相前後して幕府に提出した報告書で、当時としては外交関係の機密報告書であった。内容はイギリス船が東蝦夷地柄鞆（現在室蘭）に漂着した模様を逐次急報したものであるが、実にこれは前年に続いて柄鞆に来航した、イギリス人ブロートン Broughton 指揮のプロビデンス号 Providence のことであったのである。

長崎から報ぜられた阿蘭陀風説書によるヨーロッパにおける不穏な情勢、なかんずくイギリスとオランダの関係といい、松前若狭守が報ずる北方におけるイギリス船・ロシア船の模様といい、いずれも無関係とは受け取りがたく、幕府首脳はこのことに苦慮した。

その結果、去る寛政三年以来、異国漂流船に対する取り計らい方に関する達しに加えて、その十二月、幕府は外国船の沿岸に漂着したる時の処置を諸大名に追加・布達することとしたのである。もって、幕府がいかに事態を重大視して、評議を重ね、訓令するところがあったかが窺える。

(『日本歴史』第二七二号、一九七一年一月)

三　河口家と杉田玄白

河口家は代々医を以て土井侯に仕えた家柄である。初代房頼が長崎の人河口良庵よりカスパル流外科を学び、二代信任も長崎に留学して栗崎道意について外科を修め、明和七年（一七七〇）四月二十五日、京都の西郊で屍体を自らの手で解剖する機会に恵まれ、『解屍編』（明和九年〈一七七二〉出版）一冊を世に送ったことは、すでに先学の諸研究によって著名なことである。次いで五代信順から六代信寛にかけて蘭方医家の杉田家の人々とも交際のあったことも伝えられている。小論においては、河口家資料の探訪調査の結果から、特に五代信順と杉田玄白とに焦点を当てて、その関係を追求し、併せて若干の史料を紹介したいと思う。

河口家第五代信順は幼名を熊之助、のち壮也といい、祐卿・陶斎と号し、寛政五年（一七九三）十二月二十一日、古河に生れ、明治二年（一八六九）三月二十二日古河において七十七才で歿している。土井利厚に仕え、十五人扶持を給せられ、のち二人扶持加増となり、御側医格となったのであるが、天保九年（一八三八）九月十一日に、この御側医格御側勤は御免になっている。信順の父信且は文化九年（一八一二）十二月二十二日、五十五才で古河において病歿しているが、これより先、病の全快の見込みなきを察してか、同年二月十六日に信順は利厚に御目見を済ませており、十二月十七日には、表御医師となり十五人扶持を給せられている。時に信順二十才の若さであった。そして亡父の跡を継いで藩公に仕える身となって一層の出精を期し、かつ人命を預る責務のうえからも良師についての医術修行方を申し出ている。

すなわち、

奉願口上之覚

私儀不調法者御座候処、亡父跡式結構被　仰付冥加至極難有仕合奉存候、然上者何分家業出精仕御家中病用等相勤申度奉存候、然処是迠家伝一通者亡父道宜ゟ受相伝候得共未療治方未熟御座候得は、預人命療治仕候儀不本意御座候而恐入奉存候ニ付、江戸表浜町ニ外宅仕罷在候酒井讃岐守様御医師杉田玄伯老与申仁江随身仕、当夏ゟ壱ヶ〔年〕之間御同人方江寄宿仕修行仕度奉存候、依之何卒以　御慈悲往来之外壱ヶ年之御暇被下置候者重畳難有仕合奉存候、幷修行中無処用事御座候節者、此表江一両度罷越申度奉存候、尤模様次第両三年茂修行仕度奉存候、共節者追願等茂仕度奉存候、此段奉願候、右之趣御序之刻御家老中迠宜被仰上可被下候、以上

四月　河口壮也

鷹見平右衛門殿

遠山十兵衛殿

と、早速江戸日本橋浜町河岸山伏井戸に住せる杉田玄白のもとでの修業方を願いでている。そしてこれが、何時

許可となったか、確証はないが、河口家旧蔵資料中に『吉田方亟』と題する二十二丁の写本一冊があり、その大尾に「于時文化十二乙亥歳冬十月余遊学于東都於天真楼塾中深夜写之　河口信順」と記されており、また『春林軒膏薬方』（外題には「花岡氏膏薬方亟　完」）と題する二十二丁一冊の写本裏表紙見返しには「于時文化十三丙子歳冬十月写于天真楼塾中　河口順蔵書」とあるところから判断するに、杉田玄白の天真楼塾への入門修業願いは許可され、少なくとも文化十二年十月から同十三年十月までの一年間は在塾していたことは確実であって、教授を受ける一方、夜間余暇を見い出してはせっせと書写に励んだことが窺われる。もっともこの文化十二・十三年の頃といえば、杉田家においては、すでに玄白が家督を養子伯元に譲って隠居（文化四年〈一八〇七〉）してから七年たっており、後妻いよの長子立卿も別に眼科として一家を立て（文化元年〈一八〇四〉）てから十年たっているのであって、玄白自身は蘭学・診療に明け暮れする毎日から漸く遠のき、子孫・門下生・知友らのために過ぎし日の蘭学興隆の頃をふりかえって回顧録（のちの『蘭東事始』）を記し、その校訂方を大槻玄沢に依頼もし、現在の老境を吐露して『耄耋独語』一篇をまとめた年にも当たっている。

　このように天真楼塾において直接蘭学教授に当たるのは伯元先生であっても、玄白自身はなお「杉田老先生」と呼ばれ、折に触れ何かと指導に当たることもあったかと思われる。さればこそ、この時点においてなお「杉田玄伯老与申仁江随身仕」りたく入門を申し出る者も多かったものと思われるのであって、因みに玄白への入門受業者は杉田立卿の記すところに従えば「三百有餘人」（文化十四年『天真楼入門條制』の立卿識語）あったのであり、玄白自身の認めるところによれば「東海道にては伊勢尾張三河遠江甲斐相模上総常陸武蔵安房十ヶ国の間にも名をしたひ門に入もの廿六人有、東山道にては美濃信濃上野下野陸奥出羽六ヶ国の内にて二十五人あり、北陸道にてハ若狭越前越後加賀佐渡六ヶ国の内にて十八人あり、山陰道にては丹波丹後石見三ヶ国にて六人有、山陽道にてハ美作備前備後三ヶ国の内にて六人あり、南海道にては紀伊阿波讃岐伊豫四ヶ国にて拾人あり、西海道にては豊前豊後肥前肥後日向五ヶ国にて十二人まてあり、さすか貴内の土地ハ名医多きゆへなるにや山城国平安城より山中又玄といへる男只壱人入門せり、此外に不幸にして早く死し行いあしく其名を除棄たるもの此かすにハ入す」（『玉味噌』文化二年〈一八〇五〉玄白七十三才の時の随筆）、といった具合で、百四人となり、最晩年まで寄せればかなりの数にのぼることになろうが、「曽老甫仙先生、時、入門受業者、皆戴スル盟紙ノ、然トモ以下至ス先生ノ受業者ノ曰多上、不レ暇ニ一一令ニ然、因テ集ニ自曽考之盟紙、以為スニ巻軸ノ、但令レ続下一記其性名産地于其軸後上耳」（『天真楼入門條制』）、といわれている門人名列記の軸が現在ないのでわからない。しかし幸いにも河口家資料中に天真楼塾の塾生姓名録とでもいうべきメモが発見されたので紹介しておく。

文化五年　三十四年前也

一、加州金沢藩　張町人　松田　元六

一、宇津ノ宮藩　本多　元巻

一、江戸ノ人　菊地　玄龍

祐甫

一、江戸両国住　生国奥州二本松　齋藤　元達

一、白川侯藩江戸人　三浦　忠賢

一、津軽侯藩　伊崎　敬庵

一、松平伊賀守侯藩江戸人　栗原　柳庵

一、越後中条人　川崎　周甫

一、白川侯藩江戸人　沢田　忠円

一、江戸人　山崎　立見

一、生国加州江戸住　高井　周太

一、青山侯藩　堀江　元廣

一、越前三国ノ人　山本　祐吉

一、加州人　山田　桂斎

一、越後岩船町人　森　養哲

一、信州松本人松平丹波守侯藩　相馬　英介

一、牧野侯藩丹後人　中嶋　貞介

一、生国常陸　齋藤　景潤

江戸住

一、岩城小野浜人　馬上　春庵

一、芸州侯藩　中島　龍沢

江戸人

一、越後新発田《シバタ》人　辻沢　静庵

溝口侯藩

一、若州侯藩　窪田　宗逸

小浜人

一、伊豆人　青木　右内

一、一ツ橋侯藩　村山　惣三郎

江戸人

一、越後新潟《ニイガタ》人　中原　清三

一、阿波《アハ》人松平　増田　良益

阿波侯藩

一、仙台人　安彦　雲亭　昌平

一、美作津山《ツヤマ》人　本田　貞介

一、芸州人松平　西　道寿

阿芸侯藩

一、江戸人谷中
中門前　中川　立益

一、牧野内膳正侯
藩江戸人　吉田　尚斎

一、総州香取郡
津宮人　岩橋　喜一

一、江戸山谷《サンヤ》人　磯部　徳三

一、松平遠江守
侯藩江戸人　朝倉　敬周

一、榊原遠江守
侯藩江戸人　西　道円

一、伊勢人土方大守守侯藩

後河越松平大和守侯藩江戸外宅　漢方医流行医今ハ姓ハ優方ノ始也　木村　受卿

一、出羽庄内人　武田　藤吉

一、越中冨山《トヤマ》人　長崎　康斎

一、豫州侯藩
江戸人　野間　大助

一、上杉侯藩出羽　高橋　玄益

米沢人
一、若州侯藩　栗原　権太夫
牛込邸住
天保三辰二月
天真楼塾生
一、南部人　菊地　文卿
一、能ヶ谷　吉田　祐碩
一、秋月侯藩　森　正伯
日州人
一、安藤對馬　林　東澤
侯藩
一、細川長門守侯　広瀬　周隣
藩常陸
一、南部人　菊地　健蔵
嘉永三庚戌歳
二月十二日記

すなわち、嘉永三年（一八五〇）の記録にかかるものであるが、それから「三十四年前」の「文化丑年」は文化十四年（一八一七）となり、その四月十七日は、ちょうど玄白が光輝ある生涯を閉じた年に当たるのである。文化十四年時の分では四十一人を数えることが出来、天真楼塾は伯元の時代であるわけであるが、玄白に師事していて引き続き在塾しているものも含まれているかと思われる。一方伯元の心境は、これらの門人を抱え、玄白が築き上げた天真楼塾を守り、かつ発展させて行くべく責任を感じ、漸く塾内の整備にのりだしたかと思われる。すなわち、『瘍科医用天真楼療具図攷』、『天真楼入門條制』などによってその実態を知ることが出来るのである。『瘍科医用天真楼療具図攷』と『天真楼入門條制』は合綴されており、『療具図攷』の方は内題には「家蔵器械図考」となっており、当時、天真楼家蔵の外科用器具七十二点について、その蘭名・日本訳名を掲げ、簡略なる説明を附しているのである。『入門條制』の方は、

天真楼入門條制

（中略）

不肖豫、為亜子、受業先生、兼学和蘭眼科、自レ今為下入余之門受業者上、署記先生之遺誡、以為子弟之規則、是レヲ之謂二六要、六禁一、即記于左、

一、凡為医者、不論内外諸科、先須下塾二解剖之術一、於二人身内部一、知二其諸具之形象一、達中其運動之機関上、是吾門所要也、

一、自二諸病之症因《イン》一、距二ニテ諸薬之性能一、及下諸具之応用一、須レ致下一ニ格二其物一、窮中其理上、以透中徹我心地上、是吾門所要也、

一、内服外用諸薬之製造、各有煆煉、燕露、煎熬、潅瀹等、須レ致レ熟其制度、是吾門所要也、

一、瘍科手術、各有二繃帯諸器械一、其用則刺破、截断、縫合、纏縛等也、須レ致下達其術、以至中其妙上也、是吾門所要也、

一、外科諸患、須レ致下熟二其看法一、以達二其転変一、定中其治験上、是吾門所要也、

一、凡對病家、須レ致二細心審察、以定レ症処レ方、慎勿二等閑下一レ手、是吾門所要也、

一、急病請到、須即行救治、勿托事遅留、是吾門所禁也、

一、貧家請治、須二殊致レ精以薬レ之、亦勿下換二薬之貴賤一、以苟塞中其責上、是吾門所禁也、

一、看劇病険瘡、須口鄙吝、而誕妟譸、預定其重幣等、則医家之大罪、鳴皷攻之、可也、是吾門所禁也、

一、如シ得二間居無叓一、則必読書研思、可以備不虞之用也、郄テ倫二間隔一、荒酒色、以闕クハ二救急一、是吾門所禁也、

一、雖庸医之偶中、雖野俗之奇験、此所レ当下傅ク聞遠識、而窮二其理一、以肥中-糞我カ良知良能之田上駄、而メ却テ軽二-侮之一ヲ　是吾門所禁也。

一、凡蘭医之用薬、先哲相継、必窮其性能文理、一味不苟、雖有代用之品、亦非必協其性能、則不為也、今蘭之闕干我　邦一也、未三全布二于世一、是以薬肆所鬻、固多闕品、山野所鞭、亦鮮二可レ充者一、故吾門所ノレ作ル内服外用、共ニ非下的然メ可二代充一者上、則不用也、謾充テ二魚眥之品一、妄リニ代二異類之種一、以誤リ二旋治一、永胎蘭家之瑕瑾、其罪可謂大矣、是吾門所禁也、

右十二条、是其最所レ重スル者也、凡入二吾門一者当ク須下率二由于此一、以脩-学無上レ鮮也、是余之永所ニソ二遵奉一、亦所二-以冀フレ令下入ル二吾門一ニ者ヲメ一、共ニ蒙テ二先生之餘澤一ヲ、以テ品行兼全カラ上也云、

文化十四年星次丁丑六月

若狭医員　江都　杉田豫立卿謹識

と、玄白没後二ヵ月めに早速塾中の整備に当たっていることを知るのである。また併せて玄白が常々留意していた心も窺えてすこぶる興味深い。

なお、河口家には玄白の大幅が二点あって共に「八十五翁九幸」と大書している。そのひとつは、

医事不如自然

八十五翁九幸老人書□□

という一行書の大幅、他は、

海上新築清曠楼、々成登臨大海流、維時八月既望夜、海相接水悠々、東方何物光先動、一條今波万里浮、漸似破鏡、雲間炎、忽如明鏡掛清秋、袖浦人家次第見、砂村林樹欝且幽、漁火光瀉何処散、月中渺出一片舟、此地風光如許美、乗与把杯暫不止、一盃酔酔如泥■（ママ）、然不知倚几睡、偶聞粛寺伝鐘聲覚来驚見天将明、昨夜明月西山落、海上朝日残生、豆相猶隠隔富晴、房総近接紅雲横、南去北来布帆影、水自浸々得風軽、夜色明光両可愛、扁期不空清曠名

八十五翁九幸

杉田翼印

子鳳

というやはり大幅であって、ここにいう清曠楼とは鉄炮洲にある杉田家の別荘（『梅里遺稿』）を指すかと思われる。

玄白独特の、しかも強い筆致で書いている。管見の限りでは玄白最後の筆になるものかと思われ、病気勝ちな玄白がようやくのことで回顧録を認め、耄耋独語を記したことであったが、この二幅の墨蹟から推して、その光輝ある最後の年文化十四年は殊の外身体の具合もよく、河口信順との間の交際も深められていたことが察せられる。そして高齢のことでもあり、ふとした病から急にその年にみまかったのかとも推測されるのであって、以て信順との交際の浅からぬ間柄であったこと、かつ玄白の漢学の素養の程も窺えて好史料である。また、このような関係のうちに修業をつんだ河口信順であってみればこそ、現存の医療器具並びに『外科療具録』も興味深く観察されるのである。即ち、

清曠楼蔵
外科療具録　　　　河口祐卿

と記された横帳一冊には百数種の器具名と数量が記入されているが、なかでも、

和蘭金創針五本、和蘭メス二、和蘭カミソリ一、和蘭小刀、一ツハ爪ムキ、一ツハ琥珀
フランス新製ゴムカテーテル二本、ランビキ一、タルモメートル一、チャウセンヘラ一、スポイト三、

などは輸入器具などであって注目を引いた。

（『蘭学資料研究会研究報告』第一六五号、一九六四年一二月）

四　古稀の玄白、歩いて、歩いて

一　古稀の前年

享和元年（一八〇一）、この年杉田玄白は、翌年古稀を迎える歳になっていた。誕生日は九月十三日である。

想いおこせば、医学界の一新を目指して、オランダの解剖書『ターヘル・アナトミア』の翻訳に、必死に取り組んだのは、はや三十年も前のことで、三十九歳から四十一歳にかけてのころだった。

危険をともなうかもしれないと、怖れをいだきながら、盟主と仰ぐ中津藩医の前野良沢を中心に、小浜藩医の同僚中川淳庵、春秋に富む官医の桂川甫周ら同志と、オランダ語と対決、血の滲むような苦心を重ねた会読の日々。張り詰めた緊張感のうちにも、充実した、楽しみの日々でもあった。

会読・翻訳の成果『解体新書』は、安永三年（一七七四）に公刊にこぎつけた。玄白が狙った、斯界における「一番槍」は、わが国における実証科学の出発を飾る金字塔であり、今なお輝き続けている。

したがって、それまでの玄白は、会読・翻訳に打ち込む書斎の人であった。妻を迎えたのも翻訳の出来上がった四十一歳の夏であった。人生五十年といわれた時代に、これはなんと遅すぎた人生であったことか。

蘭方医学を標榜する家学を、これからどう維持していったらよいか。切り拓いた新学問「蘭学」を、厳しい世間の風評のなかで、どう発展させていくか。玄白にとって、一大決心のときであった。

玄白がとった行動は二つ。家には養子伯元を迎え、立派な臨床医師に育てあげること。愛弟子の大槻玄沢を支援し、江戸の蘭学界を発展に導き、見守り続けること。この二つであった。

そのためには、世情に通じなければならない。天下の政情、その動向を常に知っておかなければならない。世界の進運を知らなければならない。

ここにおいて、玄白の眼は大きく転換、外に向けられた。静かに坐す書斎の人から、世間のなかに入り込み、天下にも、世界にも眼を向け、評論を展開、行動の人にかわった。

それから三十年、藩医としての勤務や宿直に加えて、くる日も、くる日も、遠近を問わず、往診に歩き続けた。そして、いま、古稀を迎えようとしている。

二　病論会・軍談会・源氏会・俳諧・戯場

享和元年の日記を覗いてみる。例えば七月、

廿四日　晴秋暑強　本庄・近所歩病用。
廿五日　同　近所・丸内・小川丁・下谷病用。

廿六日　同涼　蔵前・吉原病用。
廿七日　同　村松町病用、曇、夜私宅病論会。
廿八日　曇　近所・下谷病用。
廿九日　同　□□亭軍談。
三十日　同　大蓼採参、秋暑甚、近所、丸内、月池病用。

などと簡潔な記述が続く。九月、

三日　風雨　近所病用、長崎屋源氏会、伯元着。
四日　晴　近所・浅草病用、夜御会読。
八日　晴　道恕宅軍談。
廿一日　曇且晴　道恕亭源氏。
廿二日　晴且曇　近所病用墓参、夜神戸病論会。
廿三日　曇　道恕亭軍談。
十月四日　晴　横山町病用、私亭源氏会。
五日　同　近所・浅草・本庄病用。
六日　同　道恕亭軍談。
七日　同　不快在宿。

十一日　雨　牛込診、夜立庄□□宅病論会。

などと終わりなく続く。カルテのような簡潔な記載。とびとびに、一斑をみたにすぎない。が、遠近とりどりの往診に出向いており、まずまず元気な様子である。だが、「不快在宿」と書きつけて、休まざるを得ない健康状態の日も眼につく。痛いたしい。玄白は、生来、決して頑健な人ではなかった。

それよりも、眼につくことは、「病論会」とか、「軍談会」、「源氏会」などという会に、よく出かけて出席し、自宅にも会場を引き受けていることである。

享和元・二年の交だけでも、「病論会」が毎月一回、「軍談会」「軍書会」「軍書講」「軍談」などという会が月に二、三回、「源氏会」「源子会」「源会」などというのが毎月一回、「俳諧」の会もよく催されている。その間をぬって「戯場」へもよく出かけている。

雨の日も、風の日も、遠・近、往診に歩き、勤勉であるが、各種の会合にも足まめに出かけている。名士だけに宴会に招かれることも多く、遊山にさそわれることも多いようだ。

「軍談会」や「源氏会」は、江戸時代、大いにはやって、玄白も好みのように見受けられる。

注目すべきは「病論会」ではなかろうか。試みに、日記からメンバーを拾ってみる。玄常、斯波栄碩、石□安哲、目黒道琢、川村寿庵、新富、神戸周悦、加川、利光、新城、藤坂道恕、南前、長谷川、山本済川、新家などと十数人を数える。これらが、毎月、廻り持ち会場をつとめて、医学上の情報交換を行っていたようだ。席上、話は、世上の風評、政治や海外情報から、趣味にいたるまで飛び交い、馳走し合うことも常のことであった、と見受けられる。

三　「養生七不可」

八月五日に、玄白が古稀の前年、いよいよ有卦《うけ》に入る日に当たるというので、一族や門人が祝宴を催し、「不」の字のついた七品を贈って、玄白の健康を祈った。

そこで、玄白は、子孫のため養生の大要を「七不」に因んで書き記し、贈ることにした。出来あがった刷物が『養生七不可』（図13）である。

一、昨日の非は恨悔すべからず。
一、明日の是は慮念すべからず。
一、飲と食とは度を過すべからず。
一、正物に非《あらざ》れば苟《いやしく》も食すべからず。
一、事なき時は薬を服すべからず。
一、壮実を頼んで房を通すべからず。
一、動作を勤めて安を好むべからず。

以上、漢文で七ヵ条からなる。それぞれの箇条のあとには、和漢蘭の諸書や体験的実例を引いて、玄白らしい解説をつけている。

説くところは、今日いうところのメンタルな面における健康管理。

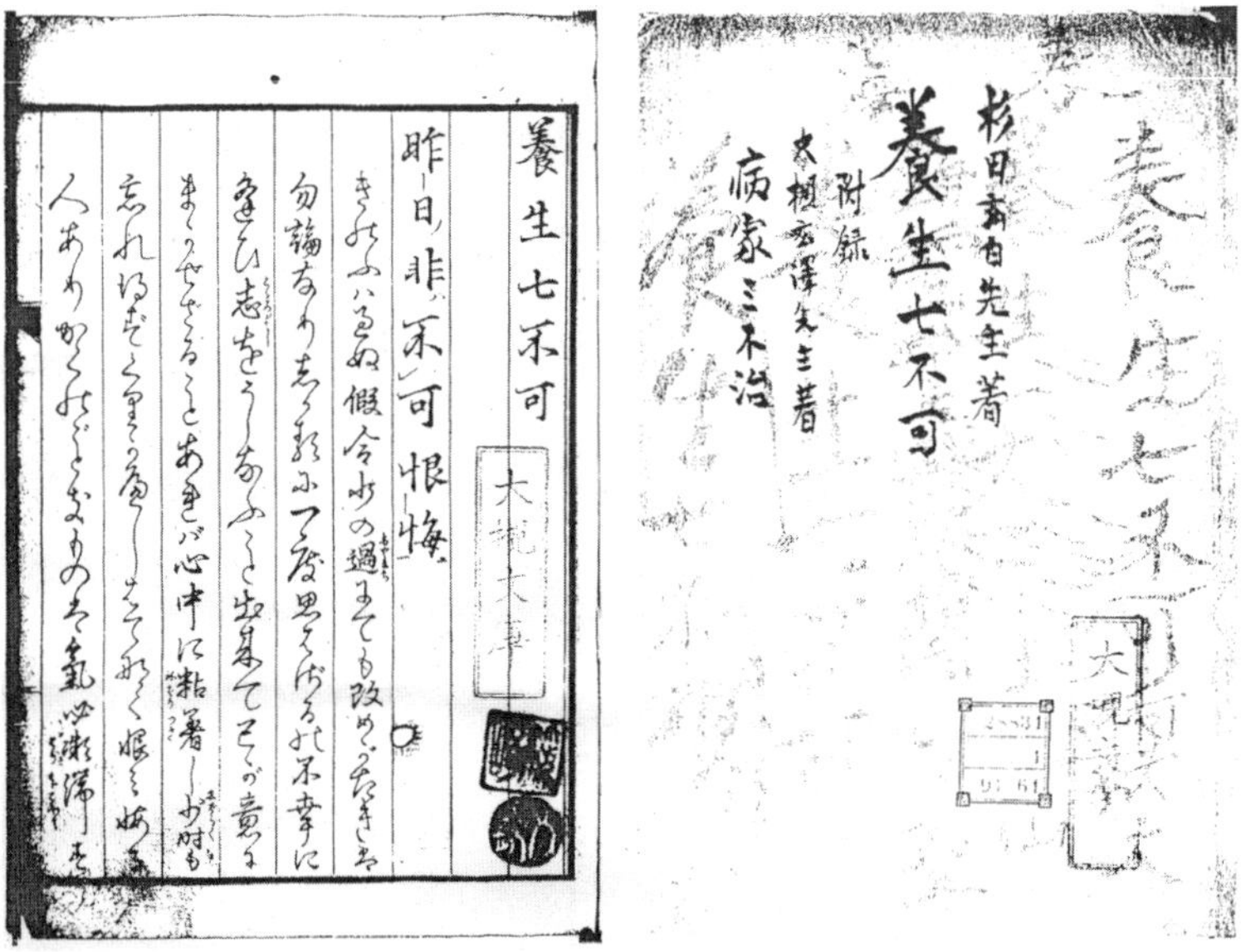
養生七不可
附録
大槻玄澤先生著
病家三不治

養生七不可
昨日ノ非ハ不可恨悔

図13　『養生七不可』部分（静嘉堂文庫蔵）

第一条と第二条は、過ぎ去ったことをいつまでもクヨクヨしていないこと、これから先のことをあれこれ取り越し苦労をしないこと、といっている。この二事を明らかにできないことが「百病を生ずる原因」であると指摘している。これをはっきりさせる「大要」は、ただ「決断」にある、といっているあたりは、いかにも玄白らしい。

第三条と第四条は、要するに、食養生としては、暴飲・暴食を慎み、新鮮なものを適量におさえるように、ということである。

第五条は、薬に頼り過ぎないこと。第六条は、「房事」すなわち「性生活《セックス》」を「過」しすぎないように戒めている。

第七条は、これがもっとも大切なことであるとして、身体をよく動かし、安逸にながれないことを強調している。玄白の説明を聞かねばならない。

「血液」は「飲食」が「化」して出来、身体を周流している。この「血液」の内から、「気」を「製し出す」。

「血液」は「此力（＝気）」を以て「順り」、「気」は「血液の潤《うるおい》」を以て「立」ち「一つ」なるものである。「血液」と「気」の「妙用＝働き」によって人は「生涯」を保っている。しかし、「日々生し」「日々増」すだけでは「害」を生ずる。そこで「天」より与えられている「臓腑」で「分離」「変化」させて「九竅（九ツの穴）」で「害になる物」を「泄《す》」てる。「上」から出るものは「痰唾洟涕《たんつばはなみずなみだ》」、「下」より出るものは「小便」「大便」。その「精の気」となる物は「鼻」によって「天の大気」を「吸入」し、「呼」に従て、この物を「鼻口」から「泄《もら》」すのである。だから「日々程よく泄《も》れ去る人」は「病」にならない。これは「血液」が「清潔」でよく「順行」し「気」も「閉塞」しないためである。したがって、「動作」を「悪み」働かないで「安逸」を好むときは「血液」が「不潔」となり、「気」も「閉塞」してしまい、「百病」を生ずる原因となる。だから「動作を勤めて安を好むべからず」と戒めるのである。

養生法としては貝原益軒の『養生訓』が有名である。しかし、童蒙《どうもう》にも理解させるよう、噛んで含めるごとく、くどくどと、繰り返し述べるところが多く、あまりにも長文である。それにくらべて、『養生七不可』は、わかりやすく短い文言で養生法の、きわめて実践的な要を示している。時を超えて、立派に通用する戒めの文となっている。玄白は「キャッチフレーズ」作りの名手であったといえる。

四　「人事不省」を嗤《わら》って

享和二年、いよいよ古稀の年。玄白は元気に迎えた。ところが、三月に入って十二日、朝、蔵前辺の病用をすませて、雨模様のその夜は月に一度の「病論会」に出席、蕎麦《そば》をご馳走になって帰宅した。ところが、夜半より発熱、熔けつくような熱であった。百人が百人とも逃れられない大流行の、世間でいう薩摩風におかされたらしい。日記は十三日で途切れてしまう。

吃逆を発し、嘔気《はきけ》はげしく、病勢悪化、二十一日に至って「人事不省」におちいった。世人は、もう助からない、と思った。が、二十三日、ようやく病魔も峠を越し、持ち直すことができた。

四月に入って日記が再び続けられることになる。五日になって、やっと床をあげ、十一日の条に、自分が「危篤」状態におちいって「三日間」も「人事不省」状態であったと聞かされたことを「戯賦」に託して嗤うほどにまで回復した。

とはいうものの、欠けた日記の欄外をみると、周囲の人びとが懸命の看病に当たってくれた様子が追記されている。なかでも、石川、川村の両医師は、連日、診察・処方・投薬につとめ、看病にあたりつづけた。

看病に当たった医師団の面々は、実は「病論会」に集う医師たちであった。医師たちが処方し、飲ませてくれた薬物が、ことに輸入の高価な薬物名が、その処方どおりに記録されている。さすがは、蘭方医師玄白である。

病論会の医師団が懸命の治療に当たり、強靱な玄白の精神がこれに感応して、弱い肉体の炎を消し去らずに持ちこたえた。九死に一生とは、まさにこのことであった。

五　古稀と、その後の生きよう

いよいよ古稀の日を迎えた九月十三日の条には「墓参、近所病用」とのみ書きつけられている。常の日と変わりない。

翌十四日、主君酒井侯から「御羽織」を頂戴した。十五日には若殿様からも「小袖」が贈られた。

二十六日、藩邸内の重臣を招いて、感謝の宴を催した。二十八日にいたり、「近所・本庄病用」を早めにすませ、この日こそは、気心の合った医者仲間をはじめ、蘭学社中の人びとや、各種の会を通じて昵懇の友を招いて、心おきなく盃を重ねることができた。玄白は、例によって、「朋友医来飲」と五文字を書きつけているのみである。

往診に歩き続けた、その年の大晦日に、

老いらくの　うかれ心や　年忘

などと軽やかに書きつけて暮れた一年であったが、明けて、享和三年元日、

一ツ年　増ともよしや　花の春

と、まずは元気に、のどかに新春を迎えた。人事不省から生きかえったとき、「是の風流のために換骨し来る」などと、戯れに賦して嗤いとばしてみせた玄白であったが、やはり、寄る年波はいかんともしがたく、

古稀衰老加新年　古稀衰老新年を加う
奉寿一家称万年　寿を奉じて一家万年を称す
総是園林春似旧　すべてこれ園林の春旧に似たり

児孫惟有増前年　児孫ただあり前年に増すを

と、二日の条に書き記す。そして、翌日から、相も変わらず「近所病用」と往診に歩き出す。「病論会」「俳会」「軍談会」「源氏会」「道具会」なども続いている。

間をぬって、

あせ路や　あんよは上手　若菜摘
梅見るも　命なりけり　老の坂

と、孫の手をひき、あるいは散歩に、あるいは見物に、歩を延ばす。「界丁」や「吹屋町」の「戯場」を訪れて楽しむこともしばしば。季節が移って、

なからへて　聞も嬉しや　蚊の初音

「墨水船行花開八分」を愛でて、

いつまでも　死心なし　花の下

などと、いったんは「蓬莱に向」い、「換骨」して舞い戻った玄白の日々は、「不快在宿」の日をまじえながらも、「病用」に歩き、「風流」に歩く日が見事に絡み合ってすすんでいる。

元来「頑健」の二文字からはほど遠い玄白が、このころ、「生来経過、今日に至る、二万何千日」と、よく口にし、一日一日を大切に生き、楽しんでいる。これが、結果として、あと十五年間も続く。驚嘆すべき十五年の最晩年に、「世に在る絶筆」として、あの「蘭学事始」を記して、愛弟子に託した。玄白における「精神」と「肉体」の「健全」を保ち得た秘密はどこにあったか。

玄白は明快にこたえている。「弱い自分」が「無事に健康」を保ち得たのは「努力」の「継続」にあったのだと。子孫に示し与えた『養生七不可』の第七条を、生涯実践し続けたのである。人生に対する達観の名言「医事は自然にしかず」を遺した玄白は「老い」を「生きぬく達人」であった、といえよう。

（『よむカステラ』第一一号、二〇〇五年）

参考文献

・片桐一男『杉田玄白』（吉川弘文館、一九七一年）
・片桐一男全訳注『杉田玄白　蘭学事始』（講談社、二〇〇〇年）
・片桐一男『知の開拓者　杉田玄白——『蘭学事始』とその時代——』（勉誠出版、二〇一五年）

右の三点には、杉田玄白の年表、年譜、略系図、記念碑・史跡・墓地をはじめ古写本類に触れ、豊富な参考文献を掲げてある。活用していただければ幸いである。

また、以下の文献については、本文中で引用した。

・片桐一男『阿蘭陀宿海老屋の研究』Ⅰ研究篇、Ⅱ史料篇（思文閣出版、一九九八年）
・片桐一男『阿蘭陀宿長崎屋の史料研究』（雄松堂出版、二〇〇七年）
・片桐一男『それでも江戸は鎖国だったのか——オランダ宿日本橋長崎屋——』（吉川弘文館、二〇〇八年）

あとがきにかえて

同志と『ターヘル・アナトミア』を会読し、その成果を公刊するまでの玄白は、オランダ語に取り組む書斎に坐す学究の徒であった。

『解体新書』公刊後の玄白は、

・漢方医たちの攻勢

・妬みの徒

に対抗し、乗り越えていかなければならなかった。そのためには、

・家学の確立と発展

に努め、その上に立って、

・新学問「蘭学」の維持・発展

を期さなければならなかった。

そこで、世間に目を向け、天下の政治を凝視し、世界の進運のなかで進路を見出そうと考えたようだ。医学研究や各種の会合、さらには毎日の診療活動を通じて、置かれた社会や、天下の政治動向、海外情報に関心を示し、既に発表した医論に加えて、新たに各種の評論活動を展開する、決断と行動の人に変わっていったのである。その具体的著作が本書に収められた評論の数々である。

漢方医の攻勢に対しては、すでに『狂医之言』や『和蘭医事問答』等を著作して対抗した。妬みの徒に対しては、例えば『玉味噌』や『犬解嘲』を記して説得を試み、『耄耋独語』のように、意の如くならない老境の日常、日々の健康状態まで赤裸々に披露して理解を求めた。

家学の確立と発展についてはどうか。人生五十年といわれていた時代にあって、目標を見出して、オランダ語の学習と訳業に没頭しているうちに四十歳を過ぎてしまった。遅すぎた人生といわなければならない。

そのために迎えた養嗣子の伯元を漢学の師・柴野栗山につけ、実技に慥かな京の古方家小石元俊につけて修業させ、天真楼塾をまかせたのである。後で得た実子の立卿が立派な蘭方眼科医として独立して支えてくれたことも嬉しいことであった。

新学問「蘭学」の維持・発展のためにどのような行動をとったか。迎えた愛弟子の大槻玄沢を立派な蘭学者に育て、江戸の蘭学界を教導させようとした。そのため、玄沢の長崎遊学を支援し、江戸は京橋の玄沢の家塾芝蘭堂塾を支援した。玄白自ら芝蘭堂を会場にした新元会（オランダ正月の賀宴）に出席、江戸の蘭学界と親交を深めた。自身が読めなくとも、蘭書の購入に努め、子孫や門弟・知友の利用に供したことは、本書の附録に鮮明に見えている。日常の往診や各種の会合を通じて広範囲に情報を収集して評論活動を展開して、維持・発展を見守り続けたのである。

玄白が身につけた医の技と豊富な情報から生じた医論と評論は、本書に余す処なく展開されている。玄白の筆は『蠏穴談』のように天下の経済論にも及んでいる。海外世界、なかんずく、北方問題を憂慮して記した『野叟独語』には玄白の熟考振りが滲み出ている。鋭い批判の眼のあったことも、随所に光って見え隠れしている。これが世の識者の注目を集めた。その流布写本の多さが雄弁に物語っている。

生来、「頑健」の二文字からほど遠い玄白ではあった。老境に至った玄白が『鷧斎日録』にしばしば「不快在宿」と書き付けなければならなかったほどである。

しかし、『養生七不可』で、「動作を勤めて安を好むべからず」と強調した通り、自ら実行し続けて、二万何千日の生涯を生き抜いた。

「医事は自然にしかず」と喝破して「老い」を「生きぬく」「達人」振りを発揮したのである。個人としても、社会の構成員としても、時代を超えて、玄白の決断と行動に学ぶ点が大きい。

平成二十九年の新緑を眼に楽しみつつ、

八十二翁　**片桐一男**

著者略歴

片桐一男（かたぎり・かずお）

1934 年（昭和 9 年）、新潟県に生まれる。1967 年、法政大学大学院人文科学研究科日本史学専攻博士課程単位取得。文学博士。現在、青山学院大学文学部名誉教授。公益財団法人東洋文庫研究員。青山学院大学客員研究員。洋学史研究会会長。専攻は蘭学史・洋学史・日蘭文化交渉史。
主な著書に『阿蘭陀通詞の研究』（吉川弘文館、角川源義賞）、『杉田玄白』（吉川弘文館人物叢書）、『蘭学家老　鷹見泉石の来翰を読む――蘭学篇――』（岩波ブックセンター、ゲスナー賞）、『知の開拓者　杉田玄白――『蘭学事始』とその時代――』（勉誠出版）、『伝播する蘭学――江戸・長崎から東北へ――』（勉誠出版）、『江戸時代の通訳官――阿蘭陀通詞の語学と実務――』（吉川弘文館）、『勝海舟の蘭学と海軍伝習』（勉誠出版）、『シーボルト事件で罰せられた三通詞』（勉誠出版）などがある。

杉田《すぎた》玄白《げんぱく》評論集《ひょうろんしゅう》

2017 年 5 月 30 日　初版発行

著　者　片桐一男
発行者　池嶋洋次
発行所　勉誠出版株式会社
〒 101-0051　東京都千代田区神田神保町 3-10-2
TEL：(03)5215-9021(代)　FAX：(03)5215-9025
〈出版詳細情報〉 http://bensei.jp/

印刷・製本　太平印刷社
装　　丁　萩原　睦（志岐デザイン事務所）
組　　版　一企画

ISBN978-4-585-22185-2　C3021

知の開拓者 杉田玄白
『蘭学事始』とその時代

蘭学発達の道筋、玄白らの挑戦の軌跡を、玄白自身の言葉を手がかりに、時代状況や最新の研究成果、玄白の記憶の間違い等、解明に到った新事実を盛り込んで紹介。

片桐一男 著・本体二四〇〇円（＋税）

伝播する蘭学
江戸・長崎から東北へ

長崎、江戸、米沢・亀田・庄内の東北各藩。当時の最先端知識であった蘭学を軸に、近世における新文化の伝播の諸相を考察する。列島をつなぐ、知識交流の円環。

片桐一男 著・本体六〇〇〇円（＋税）

勝海舟の蘭学と海軍伝習

勝海舟が学んだ蘭学、海軍伝習とはいかなるものであったのか。海舟が海外情報・知識を体得していった足跡をたどり、新しい国家構想へ向けた眼差しを探る。

片桐一男 著・本体四二〇〇円（＋税）

シーボルト事件で罰せられた三通詞

シーボルト事件において最も重い罪に問われた阿蘭陀（オランダ）三通詞に関する史・資料を読み解き、事件の新たな側面と阿蘭陀通詞の実態を明らかにする。

片桐一男 著・本体四二〇〇円（＋税）